文學叢刊

蔣子安著

海嘯嬌娃

文史哲出版社印行

國家圖書館出版品預行編目資料

海嘯嬌娃 / 蔣子安著. -- 初版 --臺北市：文
史哲, 民 106.08
頁; 公分（文學叢刊；381）
ISBN 978-986-314-380-2（平裝）

857.7　　　　　　　　106014213

文學叢刊 381

海嘯嬌娃

著作者：蔣子安
235 新北市中和區秀朗路 3 段 10 巷 35 弄 5 號
電話：886-2-2942-6636
手機：0931-170-603
校對者：蔣克懷
出版者：文史哲出版社
http:// www.lapen.com.tw
e-mail：lapen@ms74.hinet.net
登記證字號：行政院新聞局版臺業字五三三七號
發行人：彭正雄
發行所：文史哲出版社
印刷者：文史哲出版社
臺北市 100-74 羅斯福路一段 72 巷四號
郵政劃撥帳號：一六一八〇一七五
電話 886-2-23511028 · 傳真 886-2-23965656

定價新臺幣二八〇元

2017 年（民一〇六年）八月初版

ISBN 978-986-314-380-2　　09381

海嘯嬌娃

目 次

序——楷模當之無愧

蔣子安先生與我是中國電視公司同事，就我瞭解電視台命脈，八點檔連續劇，就是由他完全掌控。

中視開播的「晶晶」連續劇，他編撰最多，「長白山上」「情旅」「春雷」等知名連續劇，他也是重要編劇之一，至於「母親」連續劇，除了編劇四人組成，他亦參與，更是集策畫製作於一身，初試啼聲，就令人刮目相看，大受歡迎，因成績優異，被中視網羅，聘為節目部高級製作人兼編審。

他所製作的「戰國風雲」「少年十五二十時」「成功嶺上」等連續劇也非常叫座，「戰國風雲」甚至被日本製作人看中，購買版權，翻譯日文，在日本東京台播出。「長白山上」連續劇，亦被香港電視台引進改為粵語發音播出，聲譽揚名海外。

他所編審的連續劇，如「戲說乾隆」「楚留香」「雪蚵」「一剪梅」「青青河邊草」「望夫崖」「婆媳過招70回」「大地風雷」「挑夫」「塔裡的女人」「大玉兒傳奇」「楊乃武與小白菜」等，也膾炙人口，奠定中視為「戲劇王國」之尊稱。

蔣子安先生一生，每個階段都是楷模，軍中從二等兵，做到國防部中校股長，因服務勤奮，著有成績，獲國防部長俞大維頒發「三星寶星獎章」，在中視二十四年，也獲「中視楷模」獎牌，中視退休後，以榮民身份，仍創作不輟，又獲「榮民楷模」獎牌。

蔣子安先生自稱是老頑童，他中視退休，一如大學畢業，別出心裁，自創退休紀念冊，請中視同仁臨別贈言，褒貶由之，笑罵也行，我看過他的紀念冊，有中文、有英文，還有插圖，花樣百出，我覺得很特別，因此摘錄兩則，與人共享。

一位女性主管寫道：您曾在指南路上擺麵攤，(國防部因冤退役，在木柵

開麵館維生）

在仁愛路上敲金鐘（“母親”“長白山上”得金鐘）

在重陽路上拿獎牌（中視搬遷南港“戰國風雲”“少年十五二十時”“成功嶺上”得金鐘獎牌）

還有哪一條路沒走過？（文建會話劇徵文“那一條街”獲獎金十二萬元）

您雖然只有：

一流品德

二流才華

三流財富

但是您是最富有的人。

* * *

另有一位同仁寫道：

你的身材不高

但在文藝界中才氣很高

你的財富不大
但在螢光幕上名氣很大
你有幽默感　自娛　娛人
你有女人緣　人愛　愛人
我羨慕你　佩服你　更祝福你

有這麼多的感佩讚譽，我寫的就不必再提了，但是有一點，我還是不得不提。

蔣先生在中視服務二十四年，功勞不小，可是他當年製作節目的導播，都升了節目部經理，他製作節目的美術指導，也升了公關部主任，他仍然是製作人兼編審，別人都為他抱屈，他卻甘之如飴，因為他太愛戲劇了，戲裡演員哭，他也哭，戲裡演員笑，他也開懷大笑，他任勞任怨，溫柔敦厚，淡泊名位的行事與待人風格，令人長遠記憶。

因為他愛文學及戲劇，數十年前，兩岸矢志對崎，血肉拚搏，老死不相往來，到了兩岸改革開放，除了老兵可以返大陸探親，並無戲劇小說，蔣先生獨具慧眼，私下蒐集一九四九－一九八九兩岸大事紀，他花了五年時間，編撰四十三集巨型連續劇「兩岸楊柳」故事大綱，他一直期盼智者入眼，金主垂青，由兩岸三地共襄盛舉，創立一個有史以來，最為突出的戲劇里程碑。

等了十餘年，雖然蒙當時的文化部長龍應台女士欣賞之餘，還發函七家電視台，參考故事大綱，製作連續劇，但因電視台，限於人力財力，無力製作，事與願違，徒呼奈何？等了一年，希望落空，這時他已從中視退休，心灰意冷，大嘆時不我予，這麼好的題材，不能輕易放棄，乃興起自己動筆，照故事大綱情節，編撰小說。

這時的蔣子安，已八十八高齡，且右眼患青光眼已瞎，左眼尚可應付，為了保護左眼，每日上午只筆耕二小時，夜間睡了一下，又再筆耕二小時，日以繼夜，經過一年時間，終於完成二十多萬字的巨作，自費出版發行，完成心願。

「兩岸楊柳」是他一生第一本長篇小說，是描寫自民國三十八年，國共對峙之背景下，一對戀人，分隔海峽兩地，其情感卻能突破時空限制，綿延數十載的故事，頗見劇情張力。

北京一個金主看中，欲製作連續劇，供大眾欣賞，但因文化大革命情節過多，胎死腹中。

蔣子安並不氣餒，他常用下面兩句話，激勵自己：「處處往失敗方向去想，事事往成功路上去做」，到老方知非力取，三分人事，七分天，多可愛的老人！

八年前因緣際會，寫了一個電影劇本，「紅包場裡的茉莉花」就獲新聞局四百萬獎助金，雖然資金不足，不能拍成電影應市，但這是對他極大鼓勵，三年之內陸續編了十個電影劇本。

去年出版的小說：「夕陽情挑(大明星與部長故事)就是電影劇本改編而成。

今年「海嘯嬌娃」也是電影劇本改寫，是描寫台灣一個美女，在日本留學，五年前，三月十一日那天，他去福島探視一個有病的教授，碰上大地震海嘯，她被人救起，失去記憶，又經過面部整容，母親兩次揹著看板，去日本災區尋女，她被人冒認，因整容後變成天仙美女藝人，成為冒認人的搖錢樹，歹人得知敲詐，又被台灣業者看中，重金禮聘來台中駐唱，親生父母得知，前去相認，似是非是，只好認了乾女兒，盼望用溫情，使她恢復記憶，但是千方百計，均未能如願，父母傷心透頂。

整個情節圍繞貪婪、敲詐、親情、相救、善惡氣氛中，一環扣一環，作者用巧中巧，錯中錯的情節，鋪排劇情，令人目不暇給，真是傳奇作家寫傳奇到極致。

蔣子安先生將電腦打字本，交我閱後感想及作序，一個九十一歲耄耋之年的老人，還能振筆疾書，而且故事進行，出乎意料之外，又合乎情理之中，令我極為感佩。

蔣先生！祝您活到老寫到老，您真是我們的楷模，我要大聲說：「您楷模頭銜當之無愧！是為序！

潘以平（前中國電視公司副總經理）

民國一〇六年七月七日

海嘯嬌娃

（一）

台北的天氣，雖然已經立春，但遇到大陸寒流過境，還是寒風刺骨，加添棉毛質內衣褲，且到三月底春天明媚，溫暖的腳步蒞臨台灣，才令人心情愉悅氣爽。

台北市東區，高級住宅區，一棟宏偉大廈，住了一對外省籍夫婦，男的陶弘仁，上海人，五十多歲，身高壯碩，看去雙眼炯炯有神，一臉精明，得美國有名大學經管博士學位，回國後創立進出口貿易公司，經營有方，成績卓著。

妻子叫余美華，原籍蘇州，約四十多歲，身材苗條，溫靜秀美，有時一句阿儂軟語，最為人稱道。

由於夫婦都是俊男美女，生個女兒，取名麗君，當然也是人面桃花，人見人愛。

陶弘仁也學樣前輩貴人，自己留美，妻子為大學法律碩士，等女兒大學畢業，就送去日本留學，研習企業管理，以便自己年老退休，有下代接班，無後顧之憂。

這天上午九時左右，陶妻一邊拿手機與人講話，一邊整理茶几上的擺設，她特別拿起一個全家福的照片鏡框，照片上一對中年恩愛夫妻，及一個年輕美麗的女兒，看了又看，親了又親，然後對著手機說：「麗君！我正在親妳的照片。」

「哈哈⋯⋯」對方女兒爽朗的笑聲傳來。

「麗君！不要笑你媽，我只有妳這個女兒，我不疼妳，疼誰？」

「媽再生一個弟弟。」

「調皮，女人年齡大了，就是心想，也不成了。」

「媽！我也想您，以後一個禮拜，我一定打一次電話，我要聽媽的聲音。」女兒說。

母親一聽，究竟是自己的骨肉，不禁熱淚盈眶。

她在茶几旁，隨手抽了面紙，擦了擦泛紅的眼睛。

正這時，陶弘仁穿了西裝，從書房走出，準備上班，後面跟了提了皮包的秘書李志明。

陶父看了妻子一眼，問說：「跟誰講話，沒完沒了？！」

「跟女兒呀。」

「她現在怎麼樣？」

「麗君說他今天要去福島，看一個患病的教授。」

弘仁聽了妻子的話，一怔，特別叮嚀：「那邊核電廠很多，輻射性強，要她趕快離開。」好在手機未關，麗君母親連忙對手機說：「麗君，妳爸要妳快離開，那邊核電廠多，很危險！」

「妳告訴女兒，今年春節她沒有回來過年，暑假得一定回台灣，我想女兒了。」

「女兒，妳爸很想妳，要妳暑假一定得回台灣團聚，好，就這樣，再見！」

陶妻這才關了手機。

陶弘仁又望了妻子一眼說：「女人就是話多，長舌婦。」

妻子聽了這一句話，有意想擰丈夫一把。

陶弘仁微笑躲開，快步走出。

李志明莞爾跟從。

（二）

一個叫陳添牛的台灣中年男人，因緣際會，帶了妻女赴日本打工，不幸女兒春花，才二十二歲就一病不起，香消玉殞，這天是春花病逝三週年，她母親面帶憂傷，手執一炷香，對著春花照片說：「春花！妳走了三年了，妳在那邊好嗎？」

正在替朋友整理擦拭樂器的陳添牛也咐和說：「想起女兒，我的心就抽得痛，身體好好的，怎麼一病不起？」

「都是怪你，不來日本，也許女兒還活得好好的。」

「又怪我！又怪我！」陳添牛內心惶愧。

正這時，突然地動山搖，放高處東西滾落一地。

「地震！地震！」驚慌叫著。

日本、台灣地形在海底地震帶，每年多次地動，他倆都有經驗，但這次地震非比尋常，除了左右搖擺，又高低縱動，嚇得陳妻張口結舌。

陳添牛也緊握一根鋼柱，嚇得面無人色。看了掛鐘，正是下午二時四十六分。

「這次地震很大，我們快逃！」陳添牛急著說。

他倆隨便拿了一件外套，就往外邊疾奔。

好在他們租的小套房，是在山邊，等他們慌忙爬上山坡地，轟隆之聲不絕於耳，待他倆回頭向下望，只見巨浪海嘯，排山倒海而來。海嘯聲，人們喊救命聲，偏有一個不經世故的少女，拿了相機，拍攝海嘯畫面，一個浪頭打過來，少女立刻淹入洪水中。

少女在洪水中掙扎大叫：「救命啦！救命啦！」

少女完全被淹沒，不見人影。

人畜被洪水海嘯沖走，怵目驚心。

陳添牛和妻子慶幸逃得及時，躲過大難，妻子不禁緊抱丈夫嚎啕大哭。不知過了多時，海嘯漸退，滿目瘡痍。

陳添牛夫婦蹣跚下山，遠遠發現一粗大樹枝，掛了一身泥漿的人形。

（三）

其實這時海嘯剛退，大地一片汙泥。

陳添牛夫婦倆怕摔倒，深陷汙泥，互相扶持，才能一步一滑，走到大樹近處，這才看清是個長髮女人。

「不知死了、還是活著？」陳添牛妻子一生信佛，心地善良，自言自語。

「算了，房屋倒了一半，不知老楊的樂器還在不在？！」陳添牛說。

老楊是個樂隊打鼓手，也是台灣去的，因為是同鄉，為了節省開支，同租一間房子，他目前有事返台，請陳添牛照顧樂器。

「你就關心他的樂器？」

「那是他吃飯的傢伙。」

「說的也是，但是我想去摸摸看，是死？是活？死了就算了，若是還活著，那我們就…」

陳添牛撇撇嘴，沒有再說什麼，因為他知道妻子心腸好。

陳妻找了根木棍，撐著一步步走去，定睛一看，真的是個年輕女子，一身汙泥，他走近，想觸摸又不敢，試了兩次，才壯了膽子，伸手觸摸少女的手臂。

「怎樣？」陳添牛問著。

「好像還有體溫。」

「你想…救她？！」

「救人一命，勝造七級浮屠。」陳妻想起一個老法師的話。

「好吧！好吧！我來揹她。」陳添牛無奈地說。

於是陳添牛夫婦輪流揹了這個半死半活的女人，在滿目瘡痍中下山，碰巧有輛救護車經過，未經招呼，救護車就下來二志工，將女人搬上車，陳添牛與妻子也一同上了車，他知道不遠處，有一家規模不小的醫院，是否能得救？看她的造化了。

救護車抵醫院門口，有人用自來水管沖洗，沖洗被救的災民，女人全身上下，沖洗完畢，她的臉上竟然被漂流雜物，撞擊的千瘡百孔，面目全非，非常恐怖。

「這還要救嗎？」陳添牛遲疑不決。

「救！已經到了這裡，怎麼不救？」陳妻下了斷語。

醫院門口，送醫的災民，躺了一地。

數十輛救護車，來往進出匆忙，雖然有點慌亂，但也亂中有序，醫護人員發牌編號，依序抬進診療室。

（四）

台北市陶弘仁，在高檔精緻辦公室，用桌上電話與妻子余美華通話。「剛才看新聞日本福島地區，下午兩點四十分鐘，發生八級地震，引發海嘯，死傷慘重。」

「什麼？」陶妻有點意外，一臉驚恐。

「妳快看電視。」陶弘仁又叮嚀一句。

「噢！知道了。」

陶妻連忙打開電視。

電視新聞報導：福島地震，驚人海嘯畫面。

陶妻顫抖的手，拿出手機撥打日本女兒手機。

一次一次不通。

這時門鈴響了起來。

陶妻去開了門。

胞妹美珠心慌意亂起來。

「姐！日本大地震妳知道嗎？」

「我正在看電視。」

「麗君在日本留學，沒關係吧？！」

「早上還通過手機電話，她正好去福島看一個生病的老師。」

「天哪！那可不巧。」

「可是手機電話不通，我急死了。」

美珠同情握其手。

「姐！不要著急，吉人天相，她會平安地。」

這時電話鈴聲又響了起來，是弘仁打來的。

「電視新聞我看了，手機連絡不上，我再連絡、再連絡。」

美華手發抖，語氣有點著急，掛了電話。

「你姊夫正在開董事會，也急死了！」

她又用顫抖的手，撥了手機號碼。

* * *

少頃，災民又多了不少，眾災民衣服破爛，面目汙泥，或躺或席地而坐，等待醫治。現場一片凌亂。

陳添牛揹了少女進入災區。

一掛了名牌的「冢田吉」年輕醫生急著走來。

陳妻急用中文說：「醫生！快救救她，好像還有氣。」

冢田吉摸了女胳膊一下，又看了看她傷痕累累的面孔說：「恐怕要整型。」

「這…」陳添牛聽了這句話，想到醫療費，遲疑不決。

「沒有關係，這家醫院是我家開的，今天救災，全部免費。」醫生說。

陳妻一聽，連忙雙手合十，念著：「阿彌陀佛、阿彌陀佛！」

工作人員把病床推來，醫生問：「你們姓什麼？」

「我姓陳！」陳添牛簡單回答。

醫生對工作人員說：「以陳女名義，抬進診療室，快！」

工作人員快速將陳女推進醫院大門。

豕田吉醫生也跟進。

陳添牛夫婦有點疑惑，醫生是日本人，怎麼會說流利中文？拉住一位中年護士探問，才知道這個豕田吉醫生，曾留學中國北京中醫大學，學中醫，中西合璧，又是整容名醫。

陳添牛夫妻這才放下一顆慌亂的心。

手術室門口附近，擠滿了待救災民，及陪同家人，陳添牛夫妻找了個空位，兩人坐下，陳添牛閉目養神，妻子也雙手合十默禱：「女兒回來了，女兒回來了！」陳妻自言自語。

「妳發神經了？！」陳添牛瞄她一眼。

「我是有點發神經，怎麼這麼巧？！」

「我回家去看看，有什麼東西被沖走？」

「你先回去，我要在這裡等結果。」

「好吧！好吧！妳一輩子就是濫好人。」

「好有好報，妳知道嗎？」陳妻損她一句。

「我懶得跟妳囉嗦，我走了！」

陳添牛大步走出去。

陳妻在雜亂人群中，她坐在角落注視治療無效，屍體抬出，家人悲慟欲絕，也看到在死亡邊緣被救回一條性命，家人喜極而泣，她看了生死百態，感慨萬千，當然她最為關心的是，那個掛在樹上的女子，不知死活，她的心七上八下，侷促不安，且到等了五個多小時，為那個女子手術的手術室，門口的紅燈關了，她才定下心來，連忙站起，等候醫生。

醫生冢田吉走出拿下口罩，擦額頭汗水。

陳妻迎上忙問道：「醫生！怎麼樣？有救嗎？」

「人已經蘇醒，而面目整容，也非常成功，一定是個大美女。」醫生微笑說。

「謝謝！謝謝！」陳妻抱拳致謝。

這時少女頭部包紮紗布，躺在病床上推出。

醫生對工作人員說：「先送到恢復室，等她麻藥退後，再推入普通病房。」

「謝謝！謝謝！」陳妻一再作揖，道謝不止。

(五)

已經過了不少時間了，余美華聯絡不上女兒，心情沉悶，枯坐客廳。

這時妹妹美珠又心慌意亂，跑了進來。

「姐！有沒有消息？！」美珠關心的問。

余美華搖頭擦淚。

「再打手機，再打⋯」

「我五分鐘打一次，打了幾百次了，一直打不通，我怕⋯」

這時女兒麗君好友婷婷進來，叫了一聲「伯母」就撲在陶母身上哭了。

「我也是一直連絡日本朋友，也沒有連絡上。」婷婷一邊哭一邊說。

美珠望了望婷婷說：「麗君高中同學吧？！我認識，現在全世界都在關心日本福島災情，也許線路上忙，接不通。」

這時陶弘仁面帶鬱色，與提著皮包的李志明進來。

「美珠也在？！」

「姊夫！你怎麼這麼早就下班了？」美珠站起來問說。

「唉！日本福島大地震，引發海嘯，弄得我無心上班，我看志明也很著急。」

李志明站一邊，靦腆笑了笑。

「是啊！志明和麗君好了多年了，麗君正準備今年年底訂婚，想不到，唉！」陶母又擦著眼淚。

「伯母！麗君心地好，老天爺會照顧她的。」李志明說。

「我也是這麼想。」美珠附合了一句。

婷婷擦著淚水說：「我和志明大哥談過，萬一連絡不上，我和李大哥親自去日本探訪找尋。」

陶弘仁望了望婷婷說：「謝謝！今天我提早下班，就是研究這件事，我已經決定請志明親自到日本幫忙找尋。」

「我已正在辦理出國手續。」李志明也立即證明。

「台灣也有救災團去日本，你們可以一起去。」美華連忙提出建議。

陶弘仁說：「上午我已和外交部、日本交流協會通過電話，請他們務必全力找尋。」

美華聽了這些話，心裏鬆懈了一半，對李志明說：「志明！這樣好，不然，我一個人在家裡空著急，謝謝你了。」

李志明揹了一個小包，與婷婷在桃園國際機場見面。李志明任務重大，婷婷來送行。

他倆握手告別。

「辛苦你了，盼馬到成功。」婷婷說。

「謝謝！謝謝！」

志明揮手入內。

婷婷注目一會，才轉身離去。

一架日航，臨空而去。

＊　＊　＊

李志明先到中華民國交流協會，請求協尋。

工作人員點頭應允。

李志明當即趕車，到達福島災區，難民收容所。

台灣救災成員，也在現場搜救災民。

李志明用麗君放大照片，詢問眾人找尋。

災民搖頭。

李志明又去瓦礫堆詢問找尋。

眾人也是搖頭。

他心煩意亂，一個不小心，摔個頭破血流。

李志明孤單坐在那邊，頭上貼了紗布，呆呆擦淚。

李志明拿出手機，雙手合十，默禱，才撥號碼傾聽。

搖頭無結果，兩眼含淚。

「麗君！麗君！妳究竟在哪兒呀？」他絕望輕輕叫著。

（六）

經家田吉動過手術的陳女，已移到普通病房。

堅持營救她的陳妻，每天陪她，帶來亡女春花的衣褲，替她穿上，也帶來飲食，餵她，心疼不已。

陳女頭部包了紗布，斜靠在病床上。

陳妻餵她喝水，她倆開始第一次對話。

「頭部還疼不疼？」陳妻用日語問她。

「好多了。」少女用日語回答。

「謝天謝地，你有意識了。」

陳女點點頭。

「你多大了？」陳妻用台語問說。

她用台語回答：「我不知道。」

陳妻驚喜：「你會說台語？！」

陳女點點頭。

「那妳會說中國話嗎？」陳妻用國語問說。

「大概會吧。」陳女用國語回答。

陳妻喜甚，抓了女子手，歡快地說：「天哪！妳會日語，也會台語，又會說中國話，妳究竟是哪裡人？！」

她頭部包了紗布，看不見臉部表情，靜默以對。

「妳父母呢？」陳妻打破砂鍋問到底。

她搖搖頭說：「我忘了，我腦袋一片空白，我失去記憶了。」

正在這時，陳添牛提了便當進來。

陳妻一把拉他到一邊，對他說：「死鬼！我們女兒死而復活了。」

「妳又發神經了。」陳添牛說。

「這個女孩失去記憶了，一下說日語、一下說台語，一下又說中國話，但父母家世忘得一乾二淨，我用女兒名字叫她看看。」她真的用國語大聲叫著：「春花！」

少女回說：「是叫我嗎？」

「是啊！妳不是春花嗎？」

「大概是吧。」

「妳摸摸看，妳穿了春花衣褲，極為合身，不是我女兒，是誰？」

「那你們是我的親人了？！」

陳妻愉悅地說：「對！對！我是妳媽。」

「媽！」少女輕輕叫著。

陳妻歡天喜地對陳添牛說：「她叫我媽，她叫我媽了，老天爺！謝謝您！」

她感動地熱淚盈眶。

「妳爸送便當來了，妳快叫爸！」

少女輕輕叫了一聲：「爸！」

陳添牛也呆住了，感動地轉身擦淚。

醫生豕田吉巡視病房，走了進來，他先看了掛在病床上病歷表，面露喜色說：「嗯！恢復很快，手術非常成功！」

陳添牛抱拳說：「謝謝醫生！」

他知道豕田吉醫生中國普通話流利，以後他們均用普通話對談。

「可以暫時回家休養，一個禮拜以後，再來拆線。」豕田吉醫生說。

「謝謝！謝謝！」陳添牛夫婦同聲答應。

(七)

台北陶家客廳，美珠、志明、婷婷、陶宏仁夫妻，全部聚齊，個個愁眉苦臉。

志明坐在當中，大概是剛剛談過，尋找經過，他沮喪擦淚。

「志明哥！不要難過，還沒有到絕望的時候。」婷婷慰勉說。

「是啊！我有信心，昨天夜裡我一直惡夢不斷，但麗君還是活著，也許是在瓦礫堆下，也許是被洪水沖到下游，被人收養，也許…」陶妻分析著。

「我也麼想，還沒有到絕望的地步。」陶弘仁也附和妻子的分析。

美華的妹妹美珠說：「我女兒娟娟和麗君表妹，最合得來，他奉派去大陸公差，聽了麗君失蹤的消息，也急的不得了。」

「唉！多少人牽掛麗君了。」弘仁望著窗外說：「麗君！妳究竟在哪裡啊！」

「姐！妳有沒有想過親自到日本去找尋？」美珠抓了姐的手問說。

「我早想到了，妳能不能陪我去？」

「我是一千個一萬個願意陪妳去日本，只是還有一件心事沒有了，等這件心事了了，我一定陪妳去。」美珠沒有說出什麼心事。

「有什麼心事？！」美華問著。

美珠望了望眾人，終於坦白說出：「妳知道娟娟年齡也不小了，我已經去婚姻介紹所登記，為她相親，等娟娟大陸回來……。」

「唉！天下父母心。」弘仁感歎著。

「伯母！我可以請假，我陪您去！」婷婷和麗君是多年的好友，她也內心著急。

「真的？！」陶妻驚喜的拉著婷婷的手說。

婷婷堅定的點點頭。

陶弘仁聽了婷婷的話，大為快慰：「婷婷！妳真是麗君的好姊妹。」他又轉頭對志明吩咐：「志明！妳趕快替她們辦理出國手續。」

「是！我將請外交部做最速件處理！」李志明站起說。

* * *

暫時被叫「春花」的少女，被陳添牛夫婦帶領回家。

當然舊居，經過地震海嘯洗禮，僅廚房倒塌半間，樂器被沖到牆邊，牆上掛了亡女「春花」照片，被海嘯沖了歪斜，其他並無損失，經過陳添牛夫妻半日擦拭整理，大致還可以住人。

原來春花的臥室，安排少女居住，夫妻倆特別沖洗、消毒，可說煞費苦心。最後替老楊整理樂器，陳添牛一邊擦拭樂器，一邊口裡含了一支香菸，感慨地說：「老天爺對我們不薄，這次海嘯，這些老楊吃飯的傢伙，沒有損失，真是謝謝老天爺啊！」

陳添牛將樂器擺好，敲打起來，因為和老楊住在一屋，耳濡目染，有時也練練敲打自娛。

少女頭包紗布，在一旁聆聽。

陳妻已確定是春花轉世，所以他用亡女的名字叫了少女：「春花！我去菜市場買些菜，妳好好在家休息。」

「好啦！」春花點頭說著。

被叫春花的少女，坐在一張椅子上。

陳添牛敲擊樂器。

少女不禁站起，配合音樂節奏，手舞足蹈起來。

陳添牛驚訝不已。

陳添牛再敲打一首台語歌曲。

被叫春花的少女，竟輕輕哼著，完全合節奏。

陳添牛極為震驚。

「你練過歌曲？！」陳添牛試探問著。

「我不知道。」春花搖頭答。

（八）

婷婷陪陶母去日本，一行走到松山機場門口。

陶弘仁擁抱老妻：「災區又髒又亂，注意衛生。」

「知道了。」美華點頭說。

「妳很少出門，多注意身體，婷婷！辛苦妳了。」

「不會，伯父！您放心，我會侍候週到。」

美珠也去擁抱胞姊。

美珠說：「祝一路順風，老將出馬，馬到成功！」

陶母對眾人堅定地說：「我一定把女兒帶回來，再見！」

陶母揮揮手，與婷婷入關。

陶父等搖手告別。

* * *

經過三個小時，陶母和婷婷到了日本，她先走訪交流協會，然後她倆揹了看板，在繁華的東京市，手執麗君放大照片，逢人便問、找尋。

看板用日文、中文這樣寫著：「陶麗君，女，二十二歲，身高一六五，面目姣好，台灣留學生，因福島地震海嘯失蹤，如有善心人士，知其所在，請急速通報在東京的中華民國交流協會，定當重金酬謝。

陶母 敬啟」

日本男女觀看，同情搖頭。

當然最重要是災區，於是馬不停蹄，赴福島要命的災區。

先去災民收容所，還是一片凌亂，或躺或坐，擠滿了災民。

婷婷與陶母拿出麗君的放大照片，向眾人詢問找尋。

眾人看了搖頭，又去災區附近，逢人便問。

陶母究竟上了年紀，奔跑了一天，有點累，頭昏眼花，但是為了找尋女兒，這點辛苦，又算什麼？仍是挺著精神，勉為其難。

災區通路已被海嘯沖塌，崎嶇不平，陶母一腳踩空，差點摔倒，好在婷婷眼明手快，把她扶住，才不致跌倒受傷。

「伯母！找了一天，您也累了，坐下休息一下吧！」婷婷貼心的說。

於是陶母和婷婷才在瓦礫公園路邊，坐下休息。

這時，陳添牛的妻子，提了菜籃經過此處，她看見一個老女人揹了看板，唸了出來，面色大驚。他用台語輕輕自言自語：「是不是她？她叫陶麗君！」她連忙快步走過。

（九）

陳添牛仍在輕輕練打樂器。

包了紗布被叫「春花」的少女，斜躺在椅上假寐。

陳妻提了菜籃進來。

陳添牛一把將妻子拉進臥房，低聲用台語說：「老婆！我們要發了！」

「怎麼？你中了什麼獎了？」

「跟中獎差不多，我們救了她，好人有好報。」

「怎麼說？」陳妻不解。

陳添牛與妻耳語，等陳添牛講完，陳妻放下臉說：「不要高興太早！」

陳添牛也不悅的問說：「怎麼？」

「人家母親揹了看板，在日本各地找尋，她叫陶麗君。」

「妳的意思是⋯⋯」

「老母揹了看板找尋失蹤女兒，怪可憐的，上面寫著有重金酬謝。」

「重金酬謝？多少錢？她可是搖錢樹啊！這樣吧！等臉部整容效果怎樣

還不知道，說不定是個醜女，那一切都完了。」

「也好，這次地震海嘯，有一萬多人失蹤，也許不是這個女孩，不妨叫她陶麗君，我去試試看。」陳妻說。

陳添牛夫妻開了房門，走入客廳。

被叫春花的女孩，仍斜躺在有靠背的椅子上。

「麗君！麗君！」陳妻在一旁試叫著。

少女聽而不聞，僅身軀搖動了一下。

「我再叫叫看，春花！春花！」陳妻大聲叫著。

少女坐起：「是叫我嗎？」

陳妻向丈夫望了一眼，極為欣喜，一把抱著少女。

「是我女兒！是我女兒！」

陳妻感動而泣。

這時醫生冢田吉走了進來。

陳添牛夫妻連忙迎上。

「我有事經過附近，特別來看看她，怎麼樣？還好吧？」冢田吉走近包紗布的少女，審視著，她用中國普通話說：「怎麼樣？臉部還疼不疼？」

少女搖頭。

「嗯！很好。」然後轉身對陳添牛夫婦說：「明天你們帶女兒到醫院，我替她拆線。」

「是，阿里阿豆！」陳添牛用日語道謝。

這是醫生門診辦公室，有掛布簾的檢驗室，被叫春花的少女，坐在那邊，夫妻在旁觀看。

冢田吉醫生還特別鄭重其事，雙手合十，似在祈禱，然後替少女拆線，紗布一層又一層，護士在旁協助。

陳添牛夫妻也雙手合十，閉眼默禱。

冢田吉小心翼翼拆線，最後一層，她先賣個關子，特別洗淨手，再拆去最後一層。他定睛一看，驚喜不禁振臂。

被叫春花的少女，面對牆壁，添牛夫妻急於想知道整容後結果。

冢田吉醫生好似有意作弄陳添牛夫婦，故意延遲把少女轉身面對外面，她微笑對陳添牛夫妻說：「你們著急了是不是？好！老王賣瓜不是自賣自誇！請看！」豕田吉說了一句中國諺語，指揮護士幫少女扶正。

陳添牛夫婦一看，瞠目結舌。

少女面龐，本來被海嘯雜物衝擊千瘡百孔，經過高手整容後，變成皮膚白嫩細膩、嫵媚明澈的眼睛、淺淺笑窩，唇口左上角有顆小美人痣，少女原來沒有黑痣，是豕田吉特別加上的，真是神來之筆，整個看去，氣質高雅又艷媚，好似仙女下凡。

護士小姐拿來一面鏡子，讓少女親自觀看，她看了也甚滿意，微笑問說：「是我嗎？是我嗎？」

「當然是妳！這是我整容三十個，最成功一例。」豕田吉驕傲的說。

陳添牛與醫生豕田吉握手，併用日語交談道謝：「謝謝了，晚上請到舍下成功宴！」

豕田吉也用日語回答：「我一定到，阿里阿豆！阿里阿豆！」

雖然說是成功宴，但山邊家中缺水、缺電，只好到一家規模不小的日式料理店完成心願。

這家日式料理店，因地處高地，未被海嘯沖擊，這夜生意不惡，憑豕田吉在當地的聲望，店家特別讓出一小間，避開吵鬧的食客。

他們喝著日本啤酒，當然陳添牛與醫生乾杯，陳添牛妻子端杯稍微啜了一口，表示對醫生感謝，被叫春花的少女，喝白開水，不能沾刺激物。

「這次豕田吉醫生為小女整容，超級成功，春花！妳用開水代酒，敬醫生一杯。」陳添牛說。

春花端水向醫生敬酒。

她也懂得規矩，對兩老說：「我也謝謝爸爸媽媽，為我盡心盡力，我也以水代酒敬兩位老人。」

這是第一次聽到少女親口叫爸爸媽媽，自認為他們的女兒了，陳添牛與妻互望一眼，內心極為快慰，陳添牛特斟滿一大杯啤酒，一口喝光。

豕田吉等酒過三巡，望了望他們說：「有下面幾點注意事項，我要說明一下：

第一：兩個禮拜飲食避免油膩。

第二：刺激的飲料，如咖啡、酒，不能碰。

第三：面皮嬌嫩，不能風吹雨打，我會送來一付護面紗巾。」

「謝謝了，春花！妳要把醫生的話，銘記在心。」陳添牛叮嚀。

「我知道了！」春花答。

陳添牛與豕田吉醫生，酒喝了不少，但陳添牛特別站起舉杯！鄭重其事地說：「豕田吉醫生！我們好像有緣，妳是春花再生之神，救醒了她，又替她整容，變成這麼美的少女，我心中是說不出的感謝。」

陳妻也舉杯再次感謝：「是啊！我們太感謝了。」

「因緣際會，這麼好的結局，我事先也沒有料到。」豕田吉謙遜地說。

陳添牛酒酣耳熱，抓住機會進言：「那是！那是！醫生！我最近發現春花，有音樂舞蹈才能，可否請你安排培訓，造就人才。」

「行！剛好我有個朋友，在東京市開設藝人職業專校，培植不少人才。」豕田吉一口應允。

「那真謝謝了。」陳妻由衷地說。

「打鐵趁熱，明天就進行！怎麼樣？」陳添牛絲毫不放鬆。

「好啦！遵命！」豕田吉站起，用兩個手指打了個響聲。

這家藝人職校，是開在東京市鬧區，已開業多年，因聲譽卓越，在學的俊男美女絡繹不絕。豕田吉極為熟稔，所以他未經考慮，一口答允，定有十分把握。

事後，陳添牛夫婦想到少女培訓，當然是好事，可是不知學費多少？而且把少女一個人留在東京，也不放心。

豕田吉送來護面紗巾，陳添牛吞吞吐吐打聽行情：「醫生！培訓她要不少經費吧？」

豕田吉微笑說：「這個你們放心，有一次，這家公司老闆，他有個親戚，得了絕症，是我們醫院用特效藥醫好的，費用打了對折，我想他們看我的面子，定有優惠。」

「現在你可能也知道，我們是台灣來打工的，日常生活就⋯⋯」陳添牛沒有說完。

豕田吉就一手揚了揚擋住：「大叔！你們放一百個心，一切費用由我承擔。」

聽得陳添牛夫婦不信自己耳朵。

「還有⋯⋯」陳添牛又想到另個問題。

「沒關係，你說！」

「她一個人去東京，又這麼美麗出色，我們放心不下。」

「哈哈！」豖田吉他笑了笑：「我早就想告訴你們，我目前在東大醫學院研讀博士學位，我經常向醫院告假，我藉這個理由，我老爸一定點頭，所以春花在東京培訓，我可以一併照顧。」

「太好了，醫生！我和我老婆萬分感謝！」陳添牛說。

陳添牛妻子扭扭捏捏，也問說：「醫生！我沒有禮貌，請問您結婚了沒有？」

「我還是孤家寡人！」豖田吉微笑答。

「有沒有女朋友？！」陳妻索性打破砂鍋問到底。

豖田吉微笑搖頭。

陳添牛與妻子互望一眼，放下一顆心，內心十分愉悅。

「我和她好像有緣份，當然和你們也好像有緣份，不然我從東京趕回來救災，怎麼會遇上你們。」

「有緣、有緣！有緣千里來相會，無緣見面不相識。」陳添牛適時奉上一句諺語。

「哈哈…」眾人一笑，心知肚明，這個長得英俊的名醫，看上春花了。

陳添牛已把掛在牆壁上的亡女春花照片取下，放在小客廳一角，因為亡女與整容的女兒，面容天差地別，怕人識破。

被叫春花整容後，在家休養一個月，有時也陪陳妻去菜市場買菜，去了外面，她都遵醫囑，必戴絲質面紗，保護面部皮膚，在家裡就不必戴面紗了。

醫生冢田吉，已經安排妥當，啟程前夕，陳添牛特別在家請冢田吉便餐。

冢田吉為了使陳添牛夫妻放心，特別坦白面告：「我家在東京市有私宅一間二大房、一小房，是準備家人去東京住用的，平時無人住居，這一次春花去東京學藝，我已經請東京的老姑媽，代為照顧。」

「那真謝謝了，不好意思。」陳添牛妻舉杯敬酒。

「我已經電話通知老姑媽，請她把右邊一大房整理讓春花住，我住左邊一間。對外人，我們是以表兄妹相稱，不知是不是妥當？」

「這樣好、這樣好！」陳添牛點頭讚許。

陳妻抓住春花手：「有名醫在旁照顧，我和妳爸，也很放心，不過一個人在外，要注意身體，尤其對面部，要妥為保護，我一個禮拜要去東京看望妳一次。」

「謝謝媽！」春花說。顯然她已經自認是她女兒了。

春花雖然矇矇矓矓失去記憶，但聽醫生的陳述，對她貼心照顧，內心也是興奮地老天垂憐，盼望應了那句話：「大難不死，必有後福。」

這家藝人職校，坐落在東京市鬧區，學生眾多，分歌唱、舞蹈、戲劇、繪畫、舞台設計等類別，學生都是經過智力與興趣測試入學。

叫春花的少女，本身就愛歌唱舞蹈，所以一測試，成績就超過水平，令工作人員豎大拇指誇讚。

豕田吉對歌唱不感興趣，對於舞蹈，什麼踢踏舞、國標舞，倒是熟練在行，在校都得過獎，可以在旁助教，於是春花選了歌唱、舞蹈，即刻入校進修。

因春花面目姣好，身高一六五，蜂腰圓臀，入學就讓眾多男同學驚豔，再加上歌聲甜美，舞蹈飄逸生風，立即被譽為職校之花，許多男生各個虎視眈眈，欲一親芳澤，但美女身旁有富二代陪伴在側，只能心羨而已。

什麼叫「富二代」？豕田吉可以入列，有錢、有名，又有愛心，更是準博士身份，熱情工作、又隨興玩樂，「傑出青年男子」他當之無愧。

(十)

陶母和婷婷去日本到處跑了一趟回台，陶母身體不支，病倒了。

這日，陶母額頭放了一塊毛巾，躺在床上。

陶母妹妹美珠在旁照料。

「姐！好一點嗎？」美珠輕聲問說。

「好不了啦！」陶母有氣無力答著。

「別胡說。」

「女兒找不到，我也不想活了。」

「再去找，不要喪失意志，我陪妳去！」

「妳能嗎？」

「等娟娟從大陸回來，我就陪妳去！」美珠堅決地說。

「那謝謝了！」陶母聽了這句話，希望又起，終於露出一絲微笑。

正這時一身長瘦、一頭長髮，從來不擦脂抹粉，去大陸出差的娟娟，揹了背包，闖了進來。

「媽！我就知道你在姨媽家。」

「死丫頭！妳回來了？！剛剛提到妳。」美珠喜悅說。

娟娟放下背包，拿來一張凳子，坐在陶母面前，關心又體貼的說：「姨媽！我出差去大陸，與媽通電話，聽到表妹麗君在日本失蹤，我急的不得了，所以一回來，沒有回家，就先到這裡，姨媽！妳去日本找尋，有消息沒有？」

陶母含淚搖搖頭。

「怎麼？怎麼？我和表妹感情最好，有時候開玩笑，如果我是男生，一定娶她為妻。姨媽！第一次找不到，第二次我陪妳去，好不好？」娟娟有男人風，所以說話也無遮攔，坦白的可以。

「丫頭！妳先回家，等妳的事情一了，我們再來研究。」

「什麼事？」娟娟問母。

「妳不小了，婚姻介紹所，我已經看中兩個人，我已經登記了。」

「媽！」娟娟翹起嘴，有點不滿。

「費用已交了，就等妳回來。」

「媽！我早就跟妳說，婚姻的事，要講緣份，我的緣分還沒有到，月老爺爺，月老姊姊還在睡覺，姨媽！您說是不是？」娟娟想找姨媽支持自己論點。

「乖女兒！聽媽的話，希望這一次有兩個人相親，總有一個合得來，兩方面都滿意，那不是心想事成，妳爸在天堂也會微笑安慰。」美珠提起幹警察病逝的亡夫，因為女兒以前最聽父親的話。

娟娟噘著嘴，心中自有打算，不必在姨媽面前與母親爭辯，她揹起背包，對姨媽說：「姨媽！放心吧！麗君遲早會回來。」

「希望如此，謝謝了。」

陶母為了自己女兒事，一肚子心事，對於姪女相親事，聽而不聞，不便表示意見。

台北市延平北路開了一家婚姻介紹所，門面不大，設備普通，但孤男寡女不少，生意不惡。

麗君的姨媽美珠，聽別人介紹，月前就掛號登記，繳了報名費，而且看照片，已選了兩個男生。

這天，美珠逼著女兒娟娟去相親了。

婚姻介紹所在一樓，隔了幾間相親室，場地不大，燈光暗淡，一張圓桌，兩張靠背木椅，小圓桌上放置一小盆玫瑰花，擴音器播放輕柔抒情的音樂。

一個西裝革履，紅領帶、西裝頭、尖皮鞋，大約三十幾歲的時尚青年，先進入相親室。

他先環顧四周，時站時坐，他有點興奮、也有點緊張。等了一會，他聽到敲門聲，連忙站起側望。

娟娟戴特大墨鏡，一身西裝長褲進來。

青年以手示意，請娟娟坐下。

娟娟大模大樣，坐在對面，微笑望著對方，時尚青年微笑說道：「能不能請妳把太陽眼鏡摘下？」

娟娟裝聾作啞，示意聽不懂。

青年大聲一點又說：「請把墨鏡取下！」

娟娟還是聽不懂。

青年取鋼筆，拿了一張紙，寫著「取下太陽眼鏡！」然後將紙條遞給娟娟。

娟娟看了一眼，將紙條隨手一丟，丟在地上。

青年一怔，還是躬身撿起字條，望著對方。

「妳是啞巴？！」他疑惑的問說。

娟娟作勢點點頭，表示承認。

「怎麼會？！介紹人說妳長得不錯，而且家庭富有。」

娟娟胡亂做手勢。

娟娟母親美珠，躲在隔室窺視竊聽，對女兒相親關切，看了這情形，也大為驚訝。

「見到鬼了，老闆！老闆！」青年怒色大聲喊著。

美珠走了進來。

「什麼事！」她裝迷糊。

「你們騙人，我要退費！」

「我不是老闆。」美珠只好實說。

時尚青年火了：「那妳叫老闆來。」

「老闆有事出去了。」

「那妳來幹什麼？」

「好！好！我走！我走！」美珠怒目望了女兒一眼。

娟娟摘下特大墨鏡，笑笑，她也稍微修飾，還抹了口紅。

青年望了娟娟一眼說：「好，妳是啞巴，也沒有關係，但妳長的還可以，我還是喜歡。」

娟娟用啞語作手勢致謝。

「報名費、相親費，一共花了四千塊，妳怎麼交代？」青年彷彿想找一點回報。

娟娟又胡亂作手勢。

「我花了多少錢，總得對我補貼一點，來！讓我抱抱！親親！」

青年站起，拉娟娟緊抱，正要吻她，突然她吐了一口痰，吐在青年鼻尖上。

青年怒不可歇，推開她一耳光刷過去。

娟娟欠身躲開。

青年取了桌上的餐巾紙，擦了臉，怒說：「我要招待記者，我要控訴，妳們都是騙子！」

這時娟娟說話了：「先生！你碰到我，認命吧！」

「什麼？」青年非常訝異：「原來你不是啞吧！老闆！老闆！退錢！我要

招待記者！」

娟娟微笑說：「先生！你去招待記者吧！我也出席，打知名度，這個年代，不管好事、壞事，見光就出了名，我何樂不為！」

青年氣極，看對方長腿細腰，身手敏捷，彷彿練過功夫，討不回好處，只好發著牢騷：「我怎麼碰上妳這個狐仙！倒霉！倒霉！」

娟娟呢？覺得計成好笑，還故意作弄他：「先生！你長得不錯，能不能留張名片？！」

「去你媽的名片！」青年放下臉色說。

「妳怎麼罵人？罵人就是不對，我們找人去評評理！」

時尚青年只好兩手一攤，無奈地說：「好！好！我怕妳！倒霉！倒霉！我怎麼碰到妳這個掃把星！」

他怒目望了娟娟一眼，轉身走出。

「哈哈哈…」娟娟大笑不止。

娟娟的母親黑著臉，走了進來，對女兒不滿，用手指點了她的額頭：「妳啊！妳啊！」她氣得不知說什麼好？

「媽！我早就說過，不必相親，妳不信。」娟娟強辯。

美珠一肚子火，換當年年輕，早就一個耳光刷過去，可是現在女兒長大了，上班月薪又一小半孝敬她，而且半小時後，還有約第二個相親，她不能把事情搞砸，只好強行忍住，定了一會兒神，才說：「今天我約好兩個，半小時後，還有一個，妳認真一點，不要再鬧笑話了。」

「什麼！還有一個？」娟娟怔住。

「那是金主，妳若是嫁了他，媽和妳下半輩子就不用擔心了。」

「是個老頭？！」

「年紀大一點有什麼關係？手邊有這個最要緊！」美珠兩手做數鈔票狀：「乖女兒，這一次祝妳一相成功，年底成婚，明年生貴子。」

「妳做白日夢吧！」娟娟低聲說著。

「妳說什麼？」美珠沒聽清楚。

「好了！媽！妳走吧！我自己的事，自己會處理。」

「那我走了，我在家等妳好消息。」美珠展現笑容，搖搖手走出。

娟娟考慮什麼，詭譎一笑，站定。

＊　＊　＊

半小時候，徐娘半老的老闆娘，帶了一個中老年人，入相親室。這個老年人，約六十多歲，尊稱胡董，兩鬢斑白，蓄小鬍，小鬍也已半白，戴平光眼鏡，穿了西裝、拿了手杖，抬頭挺胸，氣派非凡。

「請胡董稍坐，美人馬上就來。」老闆娘微笑地說。

「好，若能成功，我一定大禮謝媒。」胡董一言九鼎。

「那我謝謝了！」老闆娘欠身致謝，然後走出帶上門。

胡董眼觀四方，用手杖輕敲左邊、右邊，不時輕咳，挺了挺腰桿，不可一世。

等人是很煩心的，而且是為了相親，不知來的女方長相如何？雖然看過照片，但拿出來的照片是不是二十年前的，就不知道？所以他的心情是七上八下，他對婚姻介紹所老闆娘說，他做過公司董事長，沒有說明，公司多大、職員多少，也許是一人公司，吹得天花亂墜，這年代騙死人不犯法，不管真假，他是有地位的人，胡董是他的名號，也是他的招牌，他常在餐廳吃飯，事先約好朋友找「胡董聽電話」打知名度，所以他做任何事，都小心謹慎，不能馬虎。他多次花冤枉錢，來婚姻介紹所相親，多次失敗，不過最近看相算命師傅告訴他，今年有桃花運，因此又打動他一試的心情。

美人久等不來，他站起來預演，開門、以手示意請坐！他摸摸小鬍，啞然失笑。

不知等了多久，有人敲門了。

他興奮又緊張，開門。

進來的卻是：一個彎腰駝背、雞皮鶴髮的老女人，胡懂怔住。

「妳孫女呢？」他問著。

「我哪來孫女？」老女用絲綢手巾，害羞狀遮掩著臉。

「那你來幹什麼？」

「嘻嘻！不好意思說。」老女裝嬌羞狀。

「怎麼一回事？我是來相親的，怎麼出現老太婆？」胡懂不解。

老女做羞狀：「嘻嘻！我看你年紀也不小了，少對少、老對老，兩人相配，剛剛好。」

「我是沒有兒女，才來相親，老太婆！你能生育嗎？」胡董厲聲說。

「我看你也沒這個本事，你還行嗎？」

胡董一愣：「不是吹牛，美色當前，我還能……」

「算了吧！吹牛不打草稿，我看我們還是馬馬虎虎、虎虎馬馬算了。」

「氣死我了！氣死我了！」胡董一直用手杖敲地，大叫：「老闆娘！妳快滾過來！」

老闆娘奔入：「什麼事？什麼事？是不是情投意合？我有喜酒喝了？！」

「妳看看她，講好是年輕漂亮美女，不是雞皮鶴髮的老太婆！」

等老闆娘和胡董轉身一看，老女人不見了。

「咦！人呢？難道她有隱身術？！」胡董摸著頭。

原來這間相親室，旁有布簾，她躲在一角，快手快腳換了裝，微笑著走了出來，她早就畫好妝，擦了胭脂、塗了口紅，貼上假睫毛，不細心一看，竟然是個大美女。

「天哪！妳是魔術師？老太婆一下變成摩登美女，讓我大吃一驚！」胡董驚豔，大為快慰。

老闆娘在局外，也呆了一回才說：「小姐！我猜你是喜劇演員，或是川人變臉學來的，我告訴妳，胡董家有恆產，人很正派，從來不去舞廳、酒店、紅包場，不能作弄他！」

「人生如戲，戲如人生。」娟娟一本正經答。

「胡董！沒有事了，你們親熱、親熱，我走了。」

老闆娘笑咪咪退出。

胡董喜出望外，頻用手巾擦汗。

娟娟坐在對面，暗自好笑，望著胡董說：「剛才不好意思，請原諒。」

「好說！好說！我不但不怪妳，反而對妳非常有好感。」

「為什麼？」娟娟不解。

「因為我正想投資拍一部喜劇片，女主角非妳莫屬，妳一身是戲，准能令金馬獎評審認同。」

「真的？！妳培植我，謝謝了！」娟娟抱拳致謝。

「就這樣謝我？！」胡董笑問。

娟娟考慮俄頃說：「那我拜妳為乾爸，你貴姓？」

「剛才老闆娘不是一再稱呼我了，我姓胡，人家都叫我胡董！」

「那我喊你胡爸吧！」

「乾女兒，讓我抱一抱！」胡董喜形於色。

娟娟用手擋了一下：「慢！」

「要紅包？你是西門町紅包場出來的？」

「非也、非也，她們算什麼？」

「那？…」

「你不是大欵嗎？」

「一棟別墅怎麼樣？」胡董豁出去了。

「再加千萬台幣！」

「你是獅子大開口？！」胡董有點不快。

「那就算了，算我放香屁！」

「妳是長得還不錯，像我的年齡，能遇上妳，也是緣份，我喜歡，妳是天上的星星，我要用金條搭雲梯上天，把妳摘下來。」胡董胡吹。

「好氣派！」娟娟豎大拇指。

「怎麼樣？可以上床親妳了？」胡董得寸進尺。

「親愛的胡爸！我告訴妳，我的經歷，看你敢不敢上床？！」

「哪有什麼不敢？美人在眼前，就是虎洞熊窩，我也得去闖一闖。」

「佩服！佩服！先聽聽我的遭遇再說吧！」

「請說！我洗耳恭聽。」胡董期盼著。

娟娟猶豫一會兒才說：「我養了一隻日本柴犬，十多年了，對我很忠心，夜裡我睡在床上，牠就在我床邊守著我…」娟娟吊人胃口。

「怎麼不說下去？」

「好！我說，有一夜，有一個冒失鬼，他想對我霸王硬上弓，我那個忠心柴犬，一跳上床，就把他的那個東西咬掉了。」

胡董色驚：「什麼？就是把他的命根子吃了？」胡董大驚。

雙手抱住下體，張口結舌。

「罷！罷！謝謝妳實情實報，不然我吃虧上當了。」

娟娟詭譎微笑望他。

「再見了！」胡董站起欲走，又連忙改口說：「不！不是再見，我一輩子也不想和妳見面了。」胡董揮袖，落荒而逃。

「哈哈！…」娟娟用計成功，開懷大笑。

母親美珠鐵著臉，進入相親室，怒目望女兒。

娟娟意外：「媽還是在旁偷看？！」

「我費了多少心血，為妳張羅，為妳關心，而妳卻…妳心中究竟想什麼？！」美珠怒說。

「媽！請不要責備我，我自己也不知道。」

娟想去挽母右臂，希望母親消消氣。

母親甩開她，怒目瞪了娟娟一眼，邁出相親室。

而且重重關門。

娟娟愣在那邊。

陶母病容滿臉，斜躺在床頭，胞妹美珠，一肚子苦水。

只有向姐傾訴，她坐在床沿，靠近姐輕聲細語，將女兒兩次相親見聞，毫不隱瞞一邊擦淚，一五一十講了出來。

陶母不便說什麼，只是嘆口氣說：「怎麼會這樣？！」

「我事先也沒有想到，姐！怎麼辦？！」

陶母抓了美珠的手，停了俄頃才說：「有一句話，我忍了很久了，沒有對妳說。」

美珠望著姐：「什麼話？」

「麗君一年前，就跟我說⋯」

美珠盯著問：「說什麼？」

「麗君說，娟娟可能是同志！」

美珠一時不解：「同志！又不是革命，什麼同志？！」

陶母終於明白說了：「也就是同性戀！」

美珠目瞪口呆。

「麗君還說，有一次，在她閨房，娟娟還抱她強吻，把麗君嚇著了。」

美珠這才醒悟：「難怪！難怪！一次又一次相親不成，她是故意的，姐！那怎麼辦？我們姊妹倆，命真苦！」她擦著眼淚。

「我也不知道怎麼辦？！不過娟娟雖然是同性戀，但還是一個活生生的人，在妳面前，而我的女兒麗君失蹤了，目前一點消息也沒有。」陶母感慨擦淚。

美珠聽了這番話，內心稍為有點慰藉，抓姐姐的手，表示同情。

陶母淚水盈眶說：「生！我要見人；死！我要見屍。」

美珠拍了拍姐姐的肩，堅定的說：「好了！好了！娟娟的事我不管了，我陪妳去日本，找尋麗君！」

「唉！」陶母嘆了一口氣說：「我看李志明和麗娟的好友婷婷，麗君這麼久沒有消息，他們心中也不好受。」

美珠：「那是一定的，麗君失蹤了，多少人關心她。」

這日陶麗君的父親陶董，要志明去辦點事，他趁這機會，坐在淡水河邊，想麗君，一臉懊喪，在麗君未去日本留學以前，他倆常在淡水河邊約會，洶湧的河水前，在夕陽晚霞下，緊擁親吻，且至夕陽西沉，這是兩人常坐的石凳上，如今只有他一人獨處，而伊人何在？他看看附近沒什麼人，一時興起，張大喉嚨喊著：「麗君！麗君！妳在哪裡？妳在哪裡啊？麗君！麗君！」

突然婷婷適時走過來，令志明意外。

「妳怎麼也來了？！」志明問著。

「我打你手機不通，打到辦公室，想和你研究找尋麗君的事，有個小姐告訴我，你來淡水，剛好我也要來淡水辦點事，順便來這裡看看，以前我們三人常一起來玩的，聽了你叫麗君的聲音。」

「剛才我失態了。」

「唉！麗君失蹤多日，音訊全無，我內心也很著急。」

「婷婷！你真是麗君的好姊妹。」

「我也一樣替你擔心，看你最近瘦了一圈，這樣下去會傷身體的。」

李志明聽了婷婷貼心的話，感概的說：「本來講好今年內，我和麗君要訂婚，別人都羨慕我，想不到⋯」

「我能理解，志明哥！你是一個多情的男人！」

「我真想大哭一場。」

「好吧！這裡沒有什麼人，你哭吧！也許心情舒服一點。」

志明坐下來，呆呆望著天邊將要落下的夕陽，真的雙手掩臉，痛哭失聲。

婷婷受了感念，同情心起，一時衝動，竟將志明抱在懷裡安慰。

突然志明感到不對，推開婷婷站起。

婷婷也感到失去身份，尷尬羞澀，雙手掩臉叫著：「麗君！麗君！妳在哪裡？我差點做錯事了？！」她頻頻自打耳光。

志明一把抓住婷婷，兩人對望，兩人都眼淚汪汪。

（十二）

東京藝人職業學校，總監是個上了年紀的資深女人，一頭白髮，臉部少許皺紋，可能拉過皮，細長身材，穿了緊身上衣、長褲、半高跟鞋，腰幹挺直，手執一根精緻皮鞭，一雙銳利的眼光，巡視全校。

經過一間戲劇廳，看見一個少女正在排戲，竟拿了甜點往嘴裡塞，她立即一鞭抽了過去。

「停」總監喊著。

被抽鞭的少女，立即立正叫了一聲：「總監！」

其他人也怔住。

「排戲不認真，妳沒有看告示牌，排戲不准喧嘩、不准吃零食。」她用日語說著。

「我肚子餓了，所以⋯⋯」少女也用日語答辯。

總監定定望了她一會，才說：「我認出來了，妳叫中島靜子。」

「知道就好，妳敢打我？」少女怒目反唇。

「校董的姪女又怎麼樣？！王子犯法與庶民同罪，開除！」

少女嘟著嘴。

「導演！導演是誰？」

一個拿著劇本的排戲的中年人，走過來，叫了一聲：「總監！」

「你平時工作很認真，怎麼今天管理不善，疏忽職責，連帶處分，換人！」

「總監！我、我⋯⋯」導演想申訴。

但是總監手一揚，阻止她說下去，大聲說著：「你們聽著！本校聲望卓著，就是嚴教勤學，培育不少人才，本人在校三十年，不是憑人事關係，爬了今天的地位，而是天天認真工作，事事秉公處理，關於中島靜子，我立即上報校董，如果她替中島靜子說情，老娘馬上走路，這個導演，我另外派人！」她威嚴地掃了眾人一眼，才轉身走出。

這時她才看見名醫冢田吉陪了春花，在旁觀看見學。

她走近春花，望了她一會說：「妳是台灣來的？」她改用中文說：「學習歌曲、國標舞、踢踏舞，聽說妳學習很認真，長得也不錯。」臉上露出笑容。

「謝謝總監！」春花意外：「您會說中國普通話？」

「我父親是日本人，母親是中國北京人。」

「難怪、難怪！」冢田吉也用中國普通話說。

「您是博士生吧！也是本校舞蹈助教，聽說是您引介這位小姐來本校的？」

「請總監多指教！」

「好說！好說！不過我還得提醒你們，本校校規，沒有繳學費，是不能在一旁觀看見習的！」

「對不起！以後不敢。」冢田吉說。

她彷彿很喜歡春花，拍了拍春花說：「今天是妳歌唱練習吧？等會我會來看妳。」

總監掉頭就走出。

「快去練歌，不要挨她鞭子！」春花對豕田吉笑說。

類似台灣台北市卡拉 ok 式樣，一間歌唱教室。

豕田吉和春花站一旁，資深總監，好似已聽了春花的歌，以啞語、用手指示何處該拖長、何處該提高音量，然後拍了拍春花肩，用中國普通話說：「妳已經練了一段時間了，應該說已經不錯了，但是我們精益求精，發揮到極至，妳再唱一首日本歌：”愛你入骨“好不好？」

「好的！請總監指教！」

春花站上小型舞台。

總監和豕田吉坐在學生群體第一排。

音樂起，字幕打出”愛你入骨“，並出現日文字幕。

春花不疾不徐，用感性的音質，失戀的表情，雙眼含淚，適度的唱作出來。

一曲畢，眾人鼓掌。

總監站起拍掌讚揚說：「不錯！不錯！一個初學的人，能唱得這麼好，就是名歌手，也不過如此。」

然後她對冢田吉說：「東京市府，將要舉辦救災義演，籌募救災經費，我將推薦春花參加！」

「真的？！春花！快謝謝總監！」

春花雙眼熱淚奪眶，下了舞台，對總監一躬到地，表示萬分感動。

「你們兩人配對的踢踏舞、國際標準舞也不壞，說不定也加入義演。」

「那真是謝謝了！」冢田吉深深一鞠躬致謝。

* * *

陳添牛的廚房，因海嘯衝擊，倒了一半，考慮再三，只好另找住處。

他的新房在山坡上，前有走廊、後有菜園、三房一廳、廚廁俱全，雖然下望平地，仍然滿目瘡痍，此地倒是居高臨下，無後顧之憂。

被叫春花的少女，從東京來到福島，因被職校總監誇獎，將參與救災義演，在走廊一角加倍努力練唱國語歌曲"榕樹下"(改自日本歌曲)

陳添牛夫妻在一旁聽了，也欣慰不已。
這時醫生冢田吉走了進來。
陳添牛用手指做禁聲狀。
冢田吉會意，在一旁傾聽。
一曲畢，冢田吉鼓掌。
春花這才發現醫生冢田吉來了。
春花連忙趨前招呼。
「醫生！請多指教！」
冢田吉：「不敢當，妳天生麗質，歌喉美妙，三天後登台，一定一炮而紅。
添牛叔！這點錢妳拿去為春花治裝。」
冢田吉與春花多日相處，感情日深，顯然已被情網網住了。所以他改變了
對陳添牛的稱呼。
陳添牛夫婦當然樂意接受，陳妻收了一個紅包說：「不好意思，你對我們
春花太好了，謝謝了！」
她轉身對春花說：「春花！我們今天就去東京，明天去百貨公司選衣服、

做頭髮。」

很意外，春花微笑、呆站，望著豕田吉。

（十二）

東京一間頗具規模的大酒店門口，有個廣告牌，豎立在那邊，有春花整形後特大半身照，用紅色油漆寫著「台灣青春美女─春花，為救災募款義演，今晚隆重登台獻藝，歡迎舊雨新知光臨」

陶母與胞妹美珠揹了看板，站在廣告牌前觀看。上面有少女半身照片，雖然看去是個美女，但因是油漆畫的，其實面目並不很清楚。

美珠說：「姐！晚上要不要去看歌舞？順便打聽麗君消息。」

「我哪有這個心情。」

「這位少女是台灣來的，長得不錯，碰碰運氣看。」

「算了，我們貼一張尋人啟事就好了。」

「也對，上面有交流協會電話，和妳手機號碼，有消息她們會通知。」

他倆將一張尋人啟事，貼在大廣告牌一角，離去。

這是麗君母親第二次來到日本尋找女兒，她與胞妹美珠到了災民收容所。雖然大地震，已過了數週，但此地還是有點凌亂，災民日有增加，眾多男女老幼，或躺或坐，一臉苦相。

美珠從未見過這種景象，不禁頻頻搖頭，同情心油然而起，感慨著：「這麼慘？！」

她們姊妹倆，拿著麗君放大照片，一一向災民觀看，災民看後搖頭。

她們又到火車站，分別站在出入口，持麗君照片，向路人詢問，路人看後搖頭。

陶母有點累，手撫額。

美珠見情說：「姐！歇一會吧！」

他倆找了個木椅坐下。

美珠替姐輕輕敲背。

陶母眼含淚，輕輕叫著：「麗君！麗君！妳究竟在哪裡啊？！」

她望天，夕陽已將下山，找了一天，毫無消息，她感覺失望疲累。

（十三）

已是夜間了，酒店門口與日間大不相同，燈光燦爛，部份男女繼續進入酒店大門。

陳添牛與妻也被邀，來到酒店大門，她們走來看廣告牌，準備離去，卻發現大廣告下方一角，貼了一張小廣告，就近觀看，上面打印這些字：「小女陶麗君，台灣留日學生，身高165，面目清秀，地震海嘯後，生死不明，若有善心人士知其消息，請撥電話手機⋯，必重金酬謝，鼠目尖下巴的陳添牛，一臉驚色，看無人注意，立即撕下吞入口中。

「你緊張什麼？這次失蹤人口有一萬多人，不一定是我們春花。」陳添牛妻子說。

「眼看搖錢樹要到我們家了，還是小心一點好！」陳添牛說。

「那是、那是。」

這時另一角，陶母與美珠，揹了找尋看板，又回到酒店門前。

陳添牛一見，立即拉妻躲避。

接著大批觀眾排隊進場。

陶母與美珠拿了麗君放大照片探問。

眾人看後搖頭。

突然有維持秩序的工作人員，指揮觀眾讓出一條路。

一輛凱迪拉克大轎車進入停下。

醫生及春花穿著新裝下車，向群眾揮手致意。

群眾驚艷鼓掌。

陶母與美珠也在一旁，馬上吸引陶母注視：「美珠！這個女孩身材神韻和麗君一般，就是面目不同，而且多了一顆美人痣！」

「要不要進去？！」美珠問說。

「票價不便宜，算了吧！」

「也好，那我們就在酒店門口休息一下。」

他倆見眾人笑擁春花入內，才走進廣告牌，一看。

找尋麗君小廣告不見了。

陶母訝異。

「大概是被風吹掉了？！」美珠說。

舞台放滿花藍，座無虛席。

陳添牛夫妻坐第一排旁邊，醫生在幕後照顧春花。

口才流利的俊男主持人，用日語介紹主角：「台灣青春美女，天才歌后春花小姐，為救災募款，首次登台獻藝，我們熱烈歡迎她！」

眾人熱烈鼓掌，春花面帶微笑，風華絕代出場。

主持人介紹說：「第一手演唱的是日語經典歌曲：長崎之女。」眾人鼓掌。

「長崎之女」台灣曾翻譯成中文"午夜夢迴時"中文歌詞是這樣的：

從來沒有忘記妳，不斷地想起…，純真的愛的…

春花朦朧睡眼，春花磁性輕柔的音調，唱了起來。

唱畢，眾人熱烈鼓掌。

春花鞠躬致謝。

主持人又介紹第二首歌曲，他誇大地說：「春花是台灣姑娘，當然唱一首

台灣歌曲，這首歌她最拿手，請他演唱台灣經典歌曲：”內山姑娘要出嫁“
歌詞是這樣的：「嘿咻嘿咻！內山姑娘迎花轎，鼓吹八音玲瓏叫，內山的姑娘呀！坐轎要出嫁呦……」

這是一首輕快活潑歌曲，與第一首歌曲風格迥然不同。春花面露微笑，第一句：「喔依！抬轎的呦！」震耳的開場就眾人關注，然後他手舞足蹈，歌聲時高時低，風靡全場了。

這時還是有觀眾陸續進場，因此酒店大門索性大開，讓春花的歌聲遠播，吸引了數十路人，在酒店外傾聽。

陶母與美珠，也在此列。

「這個女孩唱得不錯。」美珠讚揚說。

「我們麗君唱歌、跳舞也不差。」陶母回憶著。

「對、對，有次家庭聚會，他唱了一首：「何日君再來」繞樑三日。

陶母想起女兒，感觸良深，雙眼含淚了，她取出手巾，一邊擦淚，一邊說著：「可是人在哪兒？！人在哪兒？！」

「算了，觸景生情，我們走吧！」美珠站起拍拍屁股說。

她倆又揩了尋人看板，吃力站起，向街上走去。

突然天空烏雲密佈，閃電巨雷。

「快下雨了，快找個地方躲一躲。」美珠攙扶陶母，眼看不遠有個涼亭，才走了幾步，就大雨傾盆了。

陶母滿頭雨水，滿臉淚水望天。

「麗君！麗君！妳在哪裡啊！」陶母力竭聲嘶吼著。

一個閃電、一個焦雷，雷電不停施虐。

陶母驚惶失色，美珠連忙去扶住她，但已不及，陶母暈倒在地，暴雨不止。

美珠大叫：「姐！姐！救命啦！救命啦！」

一輛救護車急駛而至，將陶母抬上車，急駛而去。

酒店籌募救災資金演唱會，正在繼續進行。

雷聲隆隆。

電燈時亮時滅。

觀眾訝異。

電燈滅了，全場漆黑。

不意春花獨自在台上，以高昂感人的腔調唱著，台灣有名歌曲「母親」

「母親！母親！我愛您，您教我們要吃苦，您教我們要爭氣，兒時的情景常在夢哩，母親的愛心，永難忘記，母親的恩情，永難忘記…」

燈亮，見春花一臉淚水，唱著名曲「母親」。

這不是事先安排的歌曲，眾人均感意外。

「奇怪！她怎麼會唱這首曲子？」陳添牛不解。

「說不定，她原來就是台灣歌手。」陳添牛妻疑惑地說。

一家小醫院，陶母躺在床上，打著點滴。

美珠在旁照料。

一個年輕的醫生戴了口罩，看了看病歷表，與護士離去。

「要不要打電話給姊夫？！」美珠詢問說。

「算了，女兒沒找到，已夠他煩的了，萬一他知道我病倒了，那不是煩上加煩？」陶母想得周到。

美珠怔了一會說：「若是姊夫來電話呢？」

「也說正在尋找，我相信老天爺不會辜負苦心人！」

「唉！一波三折，等你稍好一點，就回台灣吧！」

＊　＊　＊

麗君的表姊娟娟，智謀不差於男人，而且長得也人高馬大，一付男人風，他父親生前是警官，因此被警方叔叔伯伯看中，力薦擔任徵信社義工，幫警方多了一雙眼睛，也參加警方偵查及簡易保護自身安全武功。

這日他在家練習踢腿及擒拿術基本功。

母親美珠自日本歸來。

娟娟連忙迎上，問東問西，對表妹麗君，極為關心。

「媽！究竟找到沒有？我急死了！」

「你去哪些地方？」

「倒杯水讓我解渴，再詳細告訴妳。」

「抱歉！」娟娟微笑了笑，連忙去斟了一杯水，雙手端給母親。

美珠喝了一大口，才望了望娟娟。

「媽累了？！」娟娟詢問。

「究竟上了年紀了，當初我應該叫妳陪姨媽去。」

「對啊！當初我也想，只是公司派我去大陸出差，所以不能如願。」

我看姨媽不放心，恐怕還有第三次、第四次去日本找尋，媽！替我在姨媽面前說情，下次我陪她去！」

「娟娟！聽說妳和麗君感情很好？！」

「對啊！我們從小就合得來，她失蹤了，我多次作著夢。」

「死丫頭！」母親用手指點了點娟娟額頭。」

「好了，我累了，等我有精神，再詳細告訴妳在日本尋覓經過。」

娟娟失望，呶嘴、一面不快。

（十四）

麗君雖然是籌募救災資金義演，但因觀眾熱烈支持，光是豕田吉醫院就捐了上億日幣，其他企業家也不願落後，踴躍捐獻，捐款甚豐，因此她的演出酬勞也不少。

陳添牛在新居臥房，他一邊吸菸，一邊用口水沾指，數著日本鈔票，陳妻推門入。

陳添牛連忙將一疊鈔票，往床墊塞。

「不少吧？！」陳妻問說。

「不告訴妳！」陳添牛一臉高興地說。

「我也有份。」

「老伴！這是我們兩人的養老金！」

「這還差不多。」

夫妻倆內心是高興地，想不到真是好心有好報。

這時，回福島的春花，在客廳叫了起來：「爸！媽！有客人來了。」

陳添牛夫妻有點意外，才回來怎麼就有客人來了？是不是豕田吉醫生？！

他倆開臥室門，進入小客廳。

小客廳坐了一個大男人，戴了鴨舌帽，看外表，兩鬢斑白，臉皮少許皺紋，面色枯槁、高鼻兇目的陌生人。

他大模大樣坐在那邊，抖動大腿，吸著菸，吐出白煙，打著圈圈往上升。

春花好奇望著。

陳添牛夫妻與陌生人對望無語。

陳妻趕著春花進入自己臥房。

「怎麼樣？不認識我了？！」陌生男子用台語，流氓樣說著。

「對不起！是有點陌生！」陳添牛台語回答。

「請再想想當年是誰給你做入境保證人，你才來日本的！」

他一邊說，一邊拿下鴨舌帽。

陳添牛這才看清楚，連忙笑臉相迎，向前握手。

「哈！原來是山豬兄，多年不見了！」山豬是陌生人的別號，因為他在台灣耍流氓，作惡多端，警方要逮捕他，他消息靈通，就逃到日本去了。

「看你好像混得不錯。」

「什麼不錯？一個大地震、海嘯，把家都沖走了！」

「不也挖到一株搖錢樹？！」

陳添牛一怔。

陳妻在旁也一怔。

「老哥！恭喜了，我進來一會了，你們是不是在臥室數金元寶啊？！」

「山豬兄！你笑話了。」

陳添牛察顏觀色，來者不善，連忙對身旁的妻子說：「你去買點魚肉、弄點菜，好好招待山豬兄。」

「那我不是有口福了，哈哈…」山豬笑著。

陳妻沒有好臉色，只好拿了菜籃走出。

春花呢？！在狀況外，在自己臥室輕輕練著歌、練著舞步。

不久陳添牛小客廳，一桌菜餚放在桌上。

陳添牛、山豬吸菸喝酒。

「山豬兄！我們有五年不見了。」陳添牛閒聊。

山豬挾了一筷菜，咬了咬說：「可不是，你們來日本六年了，那個時候，我曾經幫了小忙。」

「是啊、是啊！你是我的貴人！」

「現在貴人落難了，能不能接濟一下？！」

「這…」陳添牛有點為難。

「聽說你現在發了，總不能讓老哥流落異鄉！」

「笑話、笑話，我哪能有這個力量！」陳添牛還是敷衍著。

躲在森林中的野獸，伸出爪了：「添牛！你幾斤幾兩我清楚得很！」

陳添牛望他無語，只好端杯：「來，我們喝酒、喝酒！」

陳添牛自己乾杯，對方卻臉色一變說：「要想人不知，除非自莫為！」

「我不懂你的意思？！」陳添牛裝迷糊。

「你女兒以前我見過。」

陳添牛還想掩飾，露笑臉說：「是、是，海嘯時，我女兒臉部受傷，才整了容。」

「哈哈…」山豬大笑。

陳添牛盱衡來者不善、善者不來，只好忍讓：「好吧！朋友有通財之道，你需要多少？」

山豬伸出五個手指。

「五百？！」

「買包菸？」

「五千？！」

「就夠吃一頓飯。」

「那你要多少？」

「至少五十萬！」山豬正色道。

「什麼？」

「你不答應也沒關係，改天我找五個朋友來拜望你。」

陳添牛一聽不禁心寒膽慄，只好低頭屈服：「好了、好了，以前是你幫我，現在我回報你，請稍坐一下，我去拿。」

陳添牛說完，起身走入臥室。

陳妻沒有好臉色跟進。

夫妻二人低聲耳語。

「這個人得罪不起，他是台灣通緝犯，逃來日本多年，心狠手辣，忍了吧！」

陳添牛從床墊底下，取了一疊日幣走出。

山豬拿了錢，沾口水數著。

「謝謝！有飯大家吃，有錢大家花！」

山豬丟了菸蒂，唱著台語歌曲走出。

陳妻連忙關了門，生氣坐在那邊。

「我看這種事，有第一次，還有第二次，沒完沒了。」添妻發著牢騷。

「那你看，怎麼辦？！」

「報警、自首，求取報酬就好了。」

「不行，眼看著搖錢樹在家，我不能白白送人。」

「這也不行、那也不行，那怎麼辦？」添妻攤雙手說。

「昨夜，台灣台中市有家酒店老闆，看中春花，準備重金禮聘，請去台中駐唱，我正在考慮。」陳添牛說。

陳妻意外：「有這種事？！那快答應，我已經六年沒回台灣了。」

(十五)

台中市首屈一指的大酒店，是一位身寬體胖，挺個大肚子、滿口金牙、作風海派的徐董經營的，他另外還有貿易生意，常去日本，這夜，他被邀去日本東京大酒店散心，因緣際會，看上了台灣新秀春花小姐。

大財閥有生意眼，覺得春花人漂亮、又有人緣，必將一蹶不振的酒店起死回生，於是重金禮聘，把春花當寶，挖到台灣台中來了。

陳添牛夫妻心想事成，他倆本來就是台灣中部人，因此對台中並不陌生，但是這家酒店，是近幾年才開業的，他倆帶了春花在演出前一天，特別來酒店熟識門路。

酒店有咖啡廳，現在台灣人也漸漸西化，喜歡品茗咖啡，三人喝了咖啡後，陳添牛對妻子說：「明天春花就要登台了，妳陪她去酒店熟識熟識環境，我在這裡等你們。」

「好啦。」

陳妻拉著春花的手，走了出去。

陳添牛坐在那邊吸菸，同時也想到，時來運轉，及時躲開山豬這個流氓。

忽然日本醫生冢田吉走了進來，他舉目四望，見了陳添牛，連忙走過來。

「添牛叔叔！我終於找到你了！」

陳添牛甚意外：「冢田吉醫生！你怎麼也來了台中？」

豕田吉笑笑說著：「春花來了，我也跟著她來了。」

「你對春花倒是緊追不捨。」

「沒有辦法，我喜歡她，我已經在台中一家醫院找到工作了。」

陳添牛一聽甚感意外，豕田吉是名醫，薪水一定不少，人一到走運，財神爺也跟著來了，於是他故意放下臉說：「噢！有這種事？我們中國人有個規矩，子女交友，要經過父母同意。」

「當然、當然，所以請你們倆老，准許同意我們交往！」

「我有條件！」

「請說！」

「你在台中月薪多少？」

「大概新台幣十萬元。」豕田吉實情時報。

「那好，四六分帳，四萬元歸我，我就准許你們交往。」

「成交！」豕田吉笑著說。

豕田吉與陳添牛擊掌、又擁抱。

正這時，春花伴陳妻歸來，一見豕田吉，呆住了。

「醫生！你來了？！」春花驚喜地走前握手。

「妳來了台灣，我的心也跟著來台灣了。」豕田吉笑嘻嘻地說。

「多情種子！」陳妻用手指指了指豕田吉。

「你爸已經答應允許我們交往，走！我們跳舞去！」

春花望了望陳添牛。

「今天你們好好去玩，明天得好好唱歌！」

「是！爸！」春花這才放下忐忑不安的心情。

豕田吉伸出胳膊，他勾著春花，歡天喜地走出去了。

「他一定答應你什麼條件？！」陳妻問說。

「財神爺來了，門板也檔不住，哈哈…」

陳妻正色說：「我奉勸你一句話，不要太貪，適可而止。」

「老太婆！你不說話，沒人當你是啞巴！」

陳妻怒目望他。

豕田吉醫術出眾，舞蹈是他最愛，他與春花在東京，就常娑婆起舞，如今美人在抱，瞬已到深夜，真是「歡樂嫌夜短，寂寞恨更長。」

這是舞場最後一首曲子，慢四步貼面舞，燈光暗淡，有的舞廳甚至漆黑一片，讓情侶盡情恣意放肆。

豕田吉、春花如膠如漆，擁抱慢四步。

「春花！我好想妳！」

「我也是、我也是。」春花感情低吟。

他們耳語，不知不覺吻上了。

(十六)

陶母與胞妹美珠自從去日本找尋麗君，奔跑多日失望而歸，就病倒了。

這日，陶母斜靠在床上，閉目養神。

美珠提了水果進來。

「姐！今天好一點了嗎？」美珠一進門就關心地問。

「噩夢頻傳，我夢見麗君和一位帥哥跳國標舞。」真是心有靈犀一點通。

「麗君本來就國標舞跳得不錯，妳是日有所思、夜有所夢，姊夫呢？」

「去台中談一筆生意，剛才來電話說，今天晚上不回來了。」

「那好，今天晚上我來陪妳。」美珠微笑說。

* * *

身寬體胖，挺了個大肚子的徐董，交際廣闊，早就認識台北企業家陶弘仁，在一個餐會中相遇，邀陶董去大酒店散心，因為今天夜晚，是從日本重金禮聘的春花小姐，首次登台。

台上的花籃，更勝於東京大酒店，為了擴大宣傳，特別邀請台北、台中電視台、廣播電台及平面報紙媒體、娛樂記者晚餐，又贈了大禮。

這些新出大學們的男女記者，初嘗甜頭，久而久之變成陋規，吃定娛樂界。

一場熱烈的舞蹈開場。

亭亭玉立的主持人，用京腔開場白：「各位貴賓！報告一個好消息，本酒店為了感謝廣大賓客，特別從日本重金禮聘，青春玉女春花小姐駐唱，春花小姐是寶島姑娘，在日本留學多年，會唱日語、國語、台語經典歌曲，我們熱烈歡迎她！」

賓客熱烈鼓掌。

這才見陳添牛夫妻及冢田吉醫生坐在第一排靠邊。

酒店老闆徐董，接待陶董坐在首席。

「這個女孩是我去日本，特別聘請來的！」徐董提了多次，又特別鄭重介紹。

「噢！徐董大展鴻圖，可喜可賀！」陶董適時捧了一句。

春花出場了，儀態萬千。

主持人又報導：「首先第一首獻給來賓是，台語經典歌曲：「內山姑娘要出嫁。」」

春花一臉笑容，比在東京籌募救災義演更加賣力演出，眾人驚艷折服。

陶董認真觀看，不禁張口結舌。

「這個女孩…」陶董自語。

「怎麼？」徐董不解。

陶董站起走到台前，就近觀看，已近癡迷。

有人叫他走開，他也聽而不聞。

等春花一曲畢，眾人鼓掌，他才擦汗退回原位。

「陶董！你怎麼啦？」徐董試探問著。

「失態！失態！」陶董歉意地說。

春花第二首國語經典歌曲起。

陶董又想站起，後又坐下。

徐董是個心直口快的人，他用玩笑的語氣問說：「陶董！我冒昧問一句，這個女孩是不是牽動你的神經了？」

「徐董！我坦白告訴你吧！我女兒在日本福島附近一所大學留學，福島大地震、海嘯後，我女兒失蹤了，遍尋不著，他母親兩次親自去日本尋找，也無消息。」陶董一邊注視台上春花，一邊低聲說著。

「你是懷疑這個女孩是妳女兒？！」

「身高、體型、神韻，百分之百和我女兒類似，但就是面目不像，而且多了一顆美人痣。」

「這樣吧！他父母也在，等會散場，我請他們到我會客室，大家見面，談談。」

「那謝謝了。」陶董真心實意道謝。

* * *

酒店節目完了，已是深夜，徐董很守信，一言九鼎，先與陶董到會客室，小點心、咖啡準備妥當。

陶董時坐時站，望著窗外，香菸一支接一支，看去有點緊張。

「她會來嗎？」

「一定會！」

少頃，門推開，陳添牛夫妻、春花、豕田吉魚貫而入。

陶董連忙站起，望著春花。

徐董指著陶董說：「這是台北大企業家，陶董事長！」

陳添牛趨前握手。

徐董指著陳添牛夫婦：「這是陳添牛先生和他太太，他是日本歸國華僑，這是他們的女兒春花小姐，也是我重金禮聘來的青春美女。」

陶董盯著春花。

「是、是，春花小姐才藝超群，剛才我失態了。」

春花笑笑未語。

徐董不認識豕田吉，對陳添牛說：「這位是…」

陳添牛說：「噢！是日本名醫豕田吉先生，是我女兒的好友。」

陶董與豕田吉握手。

「俊男美女，異國情緣。」

豕田吉笑笑未語。

「大家請坐！」

他們坐下，女侍端來咖啡。

陶董一直注視春花。

「請問春花小姐，你在日本多久了？」

春花微笑搖搖頭。

「六年前去的。」陳添牛代答。

「從事哪個行業？」

「以前在日本酒店駐唱。」陳添牛又搶答。

「是個人才，陳添牛先生，恭喜你了，有這麼一位才貌雙全的千金。」

徐董這才說明：「啊！我說明一下，陶董的千金在日本留學，最近福島大地震、海嘯，失蹤了，陶董夫人兩次揹了看板去災區找尋，但是毫無消息…」

陳添牛一聽色變擦汗：「天下父母心，希望很快能找到這位千金。」

徐董繼續說：「據陶董說，春花小姐身高、體型、神韻和他女兒很像，就是面目不一樣。」

「噢！有這等事？！」陳添牛怕冢田吉多嘴，連忙暗示。

陶董又問：「春花小姐，你以前住在日本什麼地方？還記得嗎？」

春花向陳添牛看了一眼，搖頭。

「女兒失蹤多日，一遇見妳，舉止失措，差點弄出笑話，添牛兄！我們好像有緣，改天叫我太太來台中，和春花小姐見一面。」

陶董改變稱呼，拉近距離。

這次輪到添陳妻擦汗了：「不必了、不必了！」

陶董狐疑：「好吧！今天你們累了，請回去休息。」

陳添牛如獲大赦：「是、是，認識您是我的榮幸！」

陶董送他們一行到門口。

春花一再回頭看陶董。

陳添牛夫婦回到住處，心事重重。

「想不到躲了惡煞，回到台灣更是惹上麻煩。」陳添牛因感而說。

「我看還是…」陳妻沒有說完，陳添牛手一擋：「別再打退堂鼓，後輩子還沒賺夠！」

陳妻想起又說：「豕田吉先生是關鍵人，你要堵住他的嘴。」

「好！明天我找他談談。」

次日陳添牛約豕田吉醫生，在住處附近咖啡廳見面。

豕田吉隨傳隨到：「添牛叔！你找我有什麼事嗎？」

「我問你，我這個叔叔待你怎麼樣？」

「待我愛護備至，比我親叔還要好。」豕田吉說了真心話。

「做人要憑良心，我決定從下個月起，你的薪水百分之四十不扣了。」

「真的？！為什麼？」豕田吉雖驚喜，但他思索定有什麼事件交換。

陳添牛正色說：「春花的事，千萬不能洩密！」

他怔了一下：「有一句話，我一直沒有問。」

「什麼話？」

「春花是不是你的親生女兒？！」

陳添牛連忙摀其嘴，放下臉說：「我們是坐在同一條船上，船翻了，大家一起完蛋！」

「那是！那是！」

「而且你對我們春花，情有獨鍾，將來也許是我女婿。」

「是、是，岳父大人。」

「那妳發誓！」

豕田吉絲毫沒有考慮，舉起右手莊重地說：「我若洩密，不得好死！」

陳添牛愉快的拍了拍豕田吉的肩，又緊緊握手。」

「我女兒一半是你的了，但我還是要看以後發展情況而定。」

「是、是，我一定守口如瓶！」

（十七）

台北陶家客廳，又聚有美珠、娟娟、婷婷，他們都對麗君失蹤事，牽掛在心。

娟娟乖巧，將水果切成小塊，用牙籤一一交給眾人吃著。

「最近，為了麗君的事，麻煩大家，真不好意思。」陶母面帶憂色說。

「姨媽！有新的消息嗎？」

陶母搖了搖頭。

突然陶父提了包包進來，愉悅地接口說：「有！有新的消息。」

「真的？！什麼消息？」眾人七口八嘴，搶著問。

陶父脫去西裝，坐在沙發上。

「姨父！快說啊！」娟娟端起一杯茶，放在陶父面前。

「想不到，太意外了！」

美珠撇撇嘴說：「姊夫最喜歡賣關子。」

「好、好，讓我喝一口茶，怎麼樣？」

眾人焦急望他，當然最焦急的是陶母，她端起茶杯遞給丈夫，關心地問：「真的有新消息？！」

陶父喝了一口茶，才說：「我不是去台中談一筆生意嗎？台中最大一家酒店，最近特別從日本聘請來了一個女歌手，酒店老闆一再慫恿，我只好陪他去觀光一次。」

「怎麼樣？姨父！我急死了！」娟娟心直口快，催促著。

「那女孩一出場，立即吸引我眼光，她的身高、體型、神韻、一舉手、一投足，無不是麗君的翻版。」

陶母急了起來：「她是麗君？！」

陶父搖頭：「面目不一樣！多了一顆美人痣，好像動過整容！」

「叫什麼？」美珠問。

「好像叫春花，她父親是台灣中部人，在日本打工。」

「我們見過。」陶母思索說著。

這一下輪到陶父意外了。

「什麼？妳們見過？！」

美珠搶著回答：「有天，我和姐姐經過一家日本酒店門口，那個女孩剛好坐了一輛豪華禮車到酒店，在當地引起轟動。」

「妳們有沒有交談？」陶父問。

美珠搖頭：「那麼多人，那個場合，怎麼交談？」

「說的也是，嗯！總算有一點線索，老伴，我想伴妳去台中見她一面！」

陶母又擦著眼淚了：「好、好，但願能問出一點蛛絲馬跡。」

「姨媽！我也去！」娟娟說。

婷婷舉手：「我也要去。」

陶父喝了一口茶，搖了搖手說：「不急，第二步，我想邀請這個叫春花的小姐來台北玩玩，大家見個面！」

婷婷拍著掌高興地叫著：「好耶！好耶！」

最興奮的還是娟娟，她一時衝動，緊抱了姨父，在他面頰上吻了一吻。

美珠笑指：「死丫頭！」

「我太高興了，姨媽！我也親你一下。」

她又抱了姨媽，在她臉上重重吻了一下。

而且伸拳一抖，做興奮狀。

＊　＊　＊

陶弘仁即說即做，第二天就偕妻子去了台中，在他住過的飯店會客室，約春花見面。

陶母心情緊張，時站時坐。全身發抖，緊抓丈夫手掌。

「放輕鬆！」陶父輕聲說。

陶母這才笑笑，攏了攏長髮。

有人敲了兩下門，門推開，大肚子的徐董帶了春花一行人進來了。

「陶董！我可把人帶來了，你們問什麼？就問吧！」徐董微笑說著。

陳添牛有點緊張，頻擦汗。

陶母一直死盯著春花，說道：「讓我們先認識認識！」

徐董這才鄭重介紹：「這是陶董的夫人；這是春花的父母。」

陳添牛不自然笑笑。

「我可以叫妳名字嗎？！」陶母心急地問說。

春花微笑點了點頭。

「麗君！妳是麗君吧？！」陶母試叫著。

春花毫無反應。

陳添牛搶著說：「陶太太！妳弄錯了，她叫春花，她是我女兒。」

「好，讓我再試一次，叫她春花看看。」陶母定了一會神，叫著：「春花！」

春花這才微笑點頭。

陶母失望了，拿手絹擦著淚：「是我弄錯了，是我想女兒想瘋了！」

陳添牛先還有點緊張，此時才微笑擦汗說：「董事長，夫人剛才嚇了我一跳，春花千真萬確是我親身骨肉！」

陶董也拭淚：「她們在日本見過面。」

「什麼？在日本見過面？！」陳添牛意外。

陶母說：「有一天傍晚，我和妹妹經過一家大酒店門前，突然看見一輛大禮車，下來這位名歌星，因為面目不像，我們沒有招呼。」

「那是老朋友了。」陳添牛鬆了一口氣。

「那天晚上，我們在酒店門口，待了很久，今天晚上又再見面，我們是有緣，我喜歡這個女孩！」陶母表露心聲。

坐在陶董旁邊的徐董察言觀色，立即提出建議說：「我有個提議，既然陶夫人對春花小姐視如自出，那春花小姐，就拜乾媽吧！」

陳添牛無法阻攔，只好望了妻子一眼。

陳添牛妻子點頭。

熱心腸的徐董催著說：「機會難得，那春花就跪拜乾爹、乾媽吧！」

春花乖巧，立刻跪下，眼望陶父母叫著：「乾爹！乾媽！」

陶董心中快慰，笑著說：「快起來，這是大喜事一件！」

陶董拉著春花站起。

陶母激動地抱了抱春花一下，再從手臂上脫下一只翠玉手鐲，套在春花手腕上。

她熱淚盈眶：「乾媽沒有準備禮物，就這個充數吧！」

徐董是珠寶行家，看了一眼手鐲說：「春花，這只翠玉手鐲，價值連城。」

陶母說：「值多少錢？我不知道，但是是我母親祖傳給我的。」

陳添牛與妻子互望一眼。

春花聽了徐董的話，心中萬分感謝，對陶母又跪拜下去，大聲說著：「謝謝乾媽！」

徐董接著又說：「陶董呢？如今有了這樣一個如花似玉的乾女兒，也該表示一下？」

「我準備送她一輛小轎車。」

「快謝乾爹！」徐董又催促著。

「謝謝乾爹！」春花正要跪下，被陶董拉住。

雖然認女不成，也是很好的結局，陶弘仁夫妻感動地熱淚盈眶，與春花擁抱而泣。

陳添牛看了這一幕，心中不快，但又不好阻止，只輕聲自言自語：「噯！噯！這又不是母女重逢，亂七八糟。」

徐董耳尖，聽了陳添牛發著牢騷，輕聲說：「讓他們溫情一下吧！春花能拜這門乾父母，也是前世修來的福份！」

陶董打鐵趁熱，建議說：「徐董！我有個不情之請，能不能放春花兩天假，我們陪他去台北玩玩？！」

陳添牛連忙插嘴說：「沒有時間吧！」

但是徐董一口答允了：「好！沒有問題，我特別准春花兩天假。」他轉頭對陳添牛說：「你們也陪女兒去台北玩玩吧！」

春花心中甚感愉悅：「我早就想去台北了，這太好了！」

陳添牛與妻傻眼互望。

* * *

陶弘仁夫婦去台中見了春花，收了乾女兒，又送了大禮，也算是不虛此行，一回來，眾人都齊聚陶家，問長問短。

娟娟最急切，抓了姨父的手問說：「姨父！你真的認了那個女孩做乾女兒了？！」

「那還有假的？聽妳姨媽說，妳姨父還送了小轎車，妳姨媽送了祖傳翠玉手鐲。」

「這太好了！」婷婷也高興。

陶母微笑了一下說：「這是沒有辦法的權宜之計，也許這個女孩在海嘯中失去記憶，我們想用溫情，一步一步使她恢復記憶！」

「聽說面目不一樣？！」志明也極為關心。

「看去樣子，彷彿是整過容的，聽說那個日本醫生是關鍵人物！」陶母察言觀色，心中有了定見。

陶父又更進一步說明：「那個在日本打工的陳添牛，鼠眼尖下巴，不是正派人，但目前沒有證據，只能走一步算一步。」

「姨父！我、我…」娟娟想說什麼又吞了回去。

「這個死丫頭，好像到徵信社，作為義工。」美珠欲說明原由。

女兒連忙以手指放唇邊，搖著頭制止：「媽…」

「哈哈，她父親生前是警察，她有這方面基因。」陶母調侃著。

「她們什麼時候來？」婷婷問說。

「下週一上午，你們全都到齊，志明和麗君，已有多年感情，而娟娟、婷婷更是麗君的好姐妹，看她有沒有感應？！」

「志明哥！你高興嗎？」婷婷望著志明，突然冒了這一句話，志銘雙手搓著，微笑未答。

旁人並不明瞭，婷婷突然冒出這句話，是什麼意思？只有婷婷和志明心知肚明。原來⋯⋯

在一個小公園，婷婷坐在木椅上，情緒不穩定。

志明也在一邊，心事重重。

「婷婷！」志明終於輕輕叫了一聲。

婷婷搓弄著手絹：「我煩死了！煩死了！都是你！都是你！」

「又怎麼怪我？！」志明輕聲辯說。

「若真是麗君，我們怎麼辦？！」

「感情的事，實在很難說。」

「麗君失蹤了，我看你很難過，相互安慰，想不到我們卻好起來，明天那女孩要到台北了，我想躲開。」婷婷說。

「兵來將擋，水來土掩，大方一點，萬一她真是麗君，我只好向她坦白，實情實報！」

「你不會變心？」婷婷問說。

「聽說那個日本醫生，對她緊追不捨。」

「別人說我趁虛而入，橫刀奪愛！其實我不是存心，不知怎麼搞的，我們倆走在一起了。」婷婷懊惱地說。

「怎麼說，我也不是負心漢，是天意、天意！」志明含淚說著。

「明天！討厭的明天！」

志明一把抱住婷婷，吻住她了。

＊　＊　＊

陶家客廳，茶几上放置水果盤、水果，眾人雲集。

陶父站在那邊望窗外。

陶母心情不寧，一下坐下、一下站起，與丈夫耳語。

志明、婷婷分開，冷坐在一邊。

娟娟與母，則忙碌端茶水。

門鈴聲，一聲聲傳來。

娟娟一邊說：「來了！來了！」一邊快步走去開了門。

陳添牛夫婦及春花，提了大禮進來。

陶母非常興奮，張開雙臂，歡迎春花。

春花熱情，衝進她懷裡，甜甜地叫了一聲：「乾媽！」

春花又和陶父擁抱了一下，叫了一聲：「乾爹！」

陶父熱淚盈眶，說道：「好！好！歡迎！歡迎！」

陳添牛提了大禮，微笑著說：「這點小禮物，不成敬意！」

陶父收了大禮，立即轉交娟娟，說道：「我們說定了，下次來就來，這些虛套可免，請坐！請坐！」

他們坐下，春花靠陶母坐，緊依著她。

美珠端來咖啡。

陶父趁機介紹：「噢！其他的人，我介紹一下，這位是麗君的姨媽！」

春花站起趨前握手，叫了一聲：「姨媽！」

「嗯！是很乖巧！」美珠讚著。

「這位是李志明先生！我的秘書！」陶父介紹志明。

眾人望著春花，看她反應，沒有想到，她如對陌生人，應付一樣，握握手，輕描淡寫說：「幸會！」

這讓陶母心如刀割，麗君與志明好了多年，本來設想今年底訂婚，不是確切失去記憶，怎麼會如此現象？令陶母失望透頂。

陶父也一時色變，但還是繼續介紹著：「這位是麗君最要好的小姐妹，婷婷小姐！」

春花冷冷握了一下手說：「幸會！」

娟娟忙著端咖啡，這才被姨父介紹：「這是麗君的表姊，叫娟娟！」

「幸會！」春花也是平淡應付著。

「坐！請坐！我們先喝點咖啡，中午我們去五星級飯店吃飯。」

「董事長！這不是太破費了！」陳添牛欠了欠身說著。

「是啊！我們不敢當。」陳妻也說了客套話。

陶母還是不死心，端出一本本照相簿，放在茶几上。

「先看看這些照片吧！」

陶母打開相簿，一一指給春花看。

「麗君姐很漂亮，我比不上！」春花說。

陶父母互望一眼，失望之情表露無遺。

娟娟壯了膽子，挨近春花坐下指著照片，一一觀看，又對春花耳語。

春花瞪她一眼無語。

眾人不知道娟娟耳語說什麼。

陳添牛輕聲對妻子說：「陶家好陰險。」

志明一直死盯春花，不發一語。

婷婷再也忍不住，挨近春花，指著照片說：「這是我和麗君拍的照片，妳看怎麼樣？」

「你們都長得不錯，全是美女！」春花微笑說。

「榮幸！」婷婷說。

「春花，妳是時下最漂亮的女孩！」娟娟也適時捧了一句。

陶母再也忍不住，含著淚！走到走廊，陶父跟進，他倆在走廊竊竊私語：「她見了志明、婷婷、表姊娟娟，一點感覺都沒有，這些照片看了也毫無反應，老伴！我們是白費周章了！」

陶母擦淚，投入夫懷。

陶父當然心情鬱悶，但他還是有自信，拍了拍老妻背說：「我相信總有一天，會水落石出！」

＊　＊　＊

次日，公園一角，婷婷與志明見了面。

「昨天在陶家，我如坐針氈！」婷婷瞟了一眼對志明說。

「我也是，不過我倒希望她真的是麗君，恢復記憶了。」志明說。

「你是想又和她在一起了？！」

「不可能了，我的心都在妳身上。」

「真的？！那我們先訂婚，就是萬一她恢復記憶，也來不及了。」婷婷喜形於色說。

「我也有這個念頭！」

「你沒有騙我？！」

志明想舉手發誓，被婷婷擋下，然後說：「我回南部跟父母談談再說！」

＊　＊　＊

美珠在打掃客廳。

娟娟背了背包，從自己房間出來。

「今天是假日，怎麼還上班？」母親問說。

娟娟搖頭：「我另外有任務？！」

「看妳忙得很！」

「人家看上我，我有什麼辦法？」

美珠望著娟娟心領神會：「我懂了，是警方…」

「媽真是靈光，一猜就中！」

「妳姨夫說得不錯，你有你父親的基因，喜歡冒險患難。」

「沒有辦法，警方的叔叔看上我，吸收我到徵信社上班。」

「這是很辛苦的，妳父親當年就是日夜不能休息，得了不治之症，才…」

美珠說到這裡，哽咽擦淚。

「好了、好了，不要難過，我是外圍，給警方多了一雙眼睛！」

「那妳今天去…」

「趁假日有教官教我們這些初入門道的男女青年，訓練擒拿術，以及面對歹徒的技術。」

「好吧！妳也不小了，媽也管不了這麼多，妳自己斟酌吧！」

「媽！昨天我見了那個叫春花的女孩，外表真的很像表妹麗君，疑點重重，將來我可能…」

母親呆呆望她：「怎麼不說完？！」

「我是這麼想，但還沒有成熟，而且要看機遇，看情形發展了，晚上不一定回來吃飯。」娟娟擺擺手走出了。

女兒雖然在婚姻上，遇到難題，但她頭腦敏捷，奉公守法，受公司重用，多次派她去大陸公幹，不由得嘆了一口氣說：「如果她是男孩多好！」

（十八）

春花在台中酒店開唱，受到肯定，站住腳，陳添牛只好在台中市租了一間小套房棲身。

這天午後，陳添牛在客廳喝酒、吸菸。

陳妻在旁剝豆子、蔬菜。

春花則在一角練習國標舞。

陳妻望了一眼說：「妳看！我們春花的舞姿，就是漂亮。」

「聽說她要和豕田吉醫生，參加亞洲國際標準舞比賽。」陳添牛答著。

「舞蹈比賽有沒有獎金？」陳妻問說。

「我已經打好草稿，得獎分一半，否則免談！」

「你啊！」陳妻用手指了指丈夫：「開口閉口就是錢，這些日子賺了不少了。」

「笨蛋！誰還嫌錢多？！」他說完這句話，一口把杯裡的酒乾了。

這時門鈴傳來。

春花走去開門。

豕田吉提了禮物進來。先拍了拍春花的肩膀，然後對著陳添牛說：「添牛叔嬸，多日不見了，一點小意思。」

春花接過禮物。

「來來，一起喝點！」陳添牛微笑招呼。

陳妻連忙加杯筷。

他倆互相敬酒，感情熱絡。

陳添牛為國標參賽事，特別向豕田吉求證問說：「聽說你和春花要參加亞洲國際標準舞比賽？！」

豕田吉有點意外，感覺陳添牛神通廣大，交友廣闊，只好實說：「對！舞蹈是我休閒最愛，國標舞我們在日本就練得不錯，朋友慫恿我們參加，我已報了名。」

「得了名次有沒有獎金？！」陳添牛問說。

「應該有，聽說台北陶董事長，贊助了一筆錢，擔任評審委員！」

春花在一旁聽了這個消息，高興的輕拍手掌說：「那太好！那太好了！」

不過陳添牛臉色一變，正色說：「你們別高興，我有條件，得獎獎金分一半，否則免談！」

「沒有問題，本來我就想，全部孝順你們倆老！」

豕田吉誠懇坦言。

當然陳添牛見錢眼開，眉飛色舞，舉杯對豕田吉說：「好孩子，來！乾杯！」

他倆舉杯一飲而盡。

* * *

亞洲國際標準舞場地，工作人員正在佈置。

豕田吉與春花為了熟識場地，兩人在舞場一角，練習國標舞。

少許男女在旁觀看。

少頃，徐董引陶父入場。

春花見了，立即跑去，投入陶父懷抱。

春花：「乾爹！您怎麼來了？！」

陶董摸了摸春花的秀髮微笑說：「我是得到消息，妳和豕田吉醫生報名參加比賽，所以我贊助一筆費用，弄個主任評審委員當當。」

「春花！你們舞姿傑出，在加陶董的關係，我看冠軍十拿九穩！」徐董說著。

「不！我要憑真實舞藝拿獎盃！」春花堅定的說。

「好、好！我女兒麗君就是這個個性！」

春花聞聲傻笑。

「能不能練一遍，請徐董指教指教！」陶董建議。

豕田吉向友人組合的樂團，手一招，舞曲音樂起。

豕田吉、春花舞著。

陶董、徐董頻頻含首稱許。

＊　＊　＊

台北市陶家客廳，陶母戴了老花眼鏡，坐在沙發上看報紙。

陶父提了公事包進來。

陶母丟開報紙，微笑著說：「報上有消息，你在台中市亞洲國際標準舞比賽，捐了不少錢？！」

陶父脫了西裝，挨陶母坐在沙發上笑說：「老太婆！妳消息真靈通，我是為了春花，看她跳舞，等於看自己女兒麗君一樣，值得！值得！」

「我也想去，可以嗎？」

「當然可以，妳是以貴賓身份，加油打氣。」

陶母釋懷笑說：「嗯，這還差不多！」

國際標準舞場地已經佈置妥當。

一幅巨大紅色横屏，掛在評審背後，上面寫著『亞洲國際標準舞競賽』字樣。

參賽者穿著規定服裝，男賽上身均有號碼顯示，有十對散在各處。

評審者入座，陶父是主任委員，坐正中，徐董亦是評審，坐陶父左邊。

陶母坐在貴賓席。

春花遠遠向陶母搖手招呼。

陳添牛夫婦亦到場，坐在眾人叢中。

亞洲國際標準舞競賽，一切照國際慣例，初賽、複賽、決賽，三個程序進行，優勝者將獲得獎盃一具及巨額獎金，現在初賽開始。

音樂起……

十對參賽者，以優美舞姿舞出。

豕田吉、春花最為突出。

一曲終了，一旁字幕，打出複賽者號碼，豕田吉編號列入其中。

第二輪，複賽開始，

有一組女參賽者，長衫絆腳，摔倒出列。

字幕打出決賽者三組，豕田吉、春花九號又入列。

第三輪決賽開始，只有豕田吉、春花和另二組，三組參加。

豕田吉與春花更加賣力，舞姿確實令人信服。

評審陶父與徐董不時互望，點頭稱許。

陶母亦心情緊張，不時擦汗。

一曲終了，三組謝幕，等待評審宣布結果。

陶父與徐董耳語密商。

主持人拿著評審結果宣佈：「亞洲國際標準舞競賽成績，經過社會賢達組成的評審大員，公正公開評審後，第三名是五號選手！」

五號選手一對出列，眾人鼓掌。

主持人又宣佈第二名：「第二名亞軍是八號選手。」

眾人鼓掌。

主持人提高聲音歡悅的口氣說：「冠軍當然是九號豕田吉和春花小姐，評審委員的評語是：「選手身材俊秀、舞姿優美，為本屆選手之冠，現在恭請主任委員頒獎。」

頒獎音樂起。

三組參賽者站在一排。

陶父從禮儀小姐手中，取過獎盃及獎金，先頒第三名。

主持人又說：「第三名獲獎盃一具、獎金十萬；第二名獎盃一具、獎金十五萬；冠軍獲獎杯一具、獎金二十萬元。」

陶父一一頒獎。

陶母鼓掌大叫：「麗君！恭喜！我知道妳會贏的！」

一角陳添牛聽了這句話，面露不快，自言自語說：「神經病！」

陳添牛在新租的套房客廳吸菸、喝酒。

陳妻張羅什麼，門鈴聲響。

陳妻開了門，豕田吉與春花一臉喜色進來。

「我等你們，等了很久了。」陳添牛說。

「頒獎後，還有慶功宴，所以到現在才來。」豕田吉解釋。

「坐！喝一點酒。」陳添牛加杯斟酒。

豕田吉呈上一個大紅包：「獎金二十萬，這裡十萬，恭請收納！」

陳添牛收了紅包：「做人就是要守信諾言，豕田吉醫生！我喜歡，我女兒一半是你的了！」

春花低頭微笑。

「我告辭了，春花！今天你也累了，早點休息。」豕田吉由春花伴他到門口走出，然後，春花回自己臥室。

陳添牛拿了紅包，揚了揚說：「老太婆！我看春花經過這次國標舞比賽，比以前更紅了！」

（十九）

正如陳添牛預言，春花經過國際標準舞，得了冠軍，媒體大量報導，聲譽鵲起，紅遍了亞洲地區。

當然徐董的大酒店，慕名而來捧場的，也是高朋滿座，夜夜客滿。有個看去，彷彿是富二代的青年，約三十多歲，英俊挺拔，蓄了小鬚，戴平光眼鏡，每夜必定光臨，而且他身後，必定站了一個男人裝扮的機器人，顯示他家有恆產，不可小覷，台灣酒店與歌廳紅包場類似，歌星在台上唱歌，觀眾送紅包，紅包越多，就越有面子。

春花正在台上演唱，這個看去是富二代！手一揚，男人裝扮的機器人，拿了萬元千元鈔用釘書機釘成一個圓圈圈，用機器人步伐，一步步向台前走去，春花彎身低頭，萬元大鈔的圈圈套在她脖子上，這很新鮮，立即引起眾人注目、鼓掌。

坐在對面的豕田吉，也不是省油的燈，彷彿他有預感，也手一揚，立即出來一個超胖，穿了丁字褲的相撲手，獻二萬元二圈，走去台前，將兩萬元二圈圈，套在春花脖子上，這種情況也是少見，而且多了萬元，更引起觀眾熱議。

緊接著更有一個穿了日本和服拖鞋的少女，扭扭捏捏走到台前，像川人變臉，頭一轉，一大捧鮮花，遞給春花，再頭一轉，十個大紅包，像扇子一樣展開，獻給春花。這更新鮮意外，引起熱烈鼓掌，穿了日本和服的少女，頭再一轉，取出一幅垂直小屏，上面寫了「小心大騙子」，觀眾既新奇又驚訝，只有彷彿富二代青年怒目相向。

坐在第一排的徐董，不禁自問：「這是誰？這是誰？」

台上換了另一女歌手演唱。

徐董步入走廊吸菸。

先前打扮日本少女的娟娟換了裝，穿了西裝長褲，趨前招呼：「徐伯伯好！」她叫了一聲。

「妳是？！」徐董看她有點陌生。

「台北陶董事長是我姨父！我叫娟娟。」

「噢、噢！我們好像見過。」徐董這才伸出手，與娟娟相握。

「剛才冒失攪局，您不會怪我吧？！」

「這：妳好像學過川人變臉，動作敏捷，不過最後拿出一個小屏，要人家小心大騙子，是什麼意思？」

「是，這我是衝動了一點，我現在向您匯報，我父親生前是資深警察，目前我是徵信社義工，我受過專業訓練，公司派我來台中公差，我已經來了兩天了，我都在暗中觀察，到今天我才現身，主要我是保護我表妹，她雖然整容，又失去記憶，我確信春花是我表妹麗君無疑！」

「我理解，但是妳明目張胆，指現場有騙子，那不是太武斷了？！」

「等會我要春花把所有紅包千元大鈔，請警方專案檢驗，就有答案了。」

「好！這是我的名片，檢驗結果，告訴我一聲！」

娟娟收了徐董名片：「是！遵命！」她還舉手行了一個軍禮。

當晚娟娟就請台北警方，電中市警方，協助處理，檢驗所有千元大鈔，果真那個機器人，送的十張千元大鈔，是偽鈔，真偽立辨。

嚇得陳添牛夫婦及春花張口結舌，與徐董商量結果，暫時不聲張，不採取行動，免引起報復，影響酒店生意。

但警方也登記在案，深入調查那個看來是富二代的青年，生平事蹟。

台北陶董很快得到消息，平時對娟娟印象不深，想不到一出手，就不凡，大為讚揚，這觸動他的靈感，他要和娟娟好好談談。

（二十）

春花自從來台中駐唱，又參加國標舞比賽，得了冠軍，一時大紅特紅，應了那句老話：「禍兮福所依，福兮禍所伏！」三天後接到日本那個惡煞山豬，打來手機電話。

陳添牛記得山豬的手機號碼，一看心頭一震，關機。

春花在面前，叫他去自己臥房休息，他預料，第一通手機不接，定有第二通，他心中盤算如何應對。

果真手機再度響起來，他這才接聽：「喂！哪位？！」

「添牛兄回台灣，我的聲音就聽不出來了？」山豬說。

陳妻狐疑看丈夫，陳添牛暗示是山豬打來的電話。

「噢！原來是山豬兄！」

「恭喜了，昨天看新聞，春花小姐國標比賽得了冠軍，獎金二十萬。」

「日本也報新聞了？！」

「這是亞洲國標比賽，日本也有選手參加。」

「啊！是的、是的，我們春花名揚海外了。」

「哈哈…」對方山豬大笑。

「妳笑什麼？」陳添牛不解。

「我笑你的財運亨通，一定又分了不少錢！」

「沒有的事，沒有的事。」

「添牛兄！在日本碰到我這個惡煞，就跑到台中去了，台中那邊，我也有不少兄弟。」山豬來電的企圖，漸漸明顯了。

但陳添牛還是裝迷糊：「你什麼意思？！」

「沒有什麼！有飯大家吃嘛！」

陳添牛這才色變，不客氣說：「怎麼？你又想敲詐？！」

「不要說得這麼難聽，目前我手邊拮據，能不能…」

山豬語氣還算中和，但目的已明，陳添牛怒目關了手機。

陳妻在一旁，這才問說：「怎麼？那個惡煞又從日本來電話了？！」

「他是台灣通緝犯，我不怕他！」

「可是電話不斷，也很煩人。」

「我去電信局改手機號碼。」

手機又響起來。陳添牛按了電話：「喂！」

對方山豬大叫：「若使人不知，除非己莫為！哈哈……」

陳添牛氣得丟開手機，一拳擊在桌面上。

「人善被人欺，馬善被人騎，我陳添牛不是好惹的！」

陳妻呆望丈夫：「你……」

「我恨不得偷偷回日本把他做了！」陳添牛怒目說著。

陳妻怕的摸胸。

在房裡的春花聞悉，也心驚肉跳。

春花與豕田吉醫生，每日形影不離，如膠如漆，這日他倆在公園，手拉手散步，豕田吉把她拉住，情深地看著她說：「我好愛妳！」

「自從我認識你以後，一直走好運。」春花含羞說著。

「我也是，妳是我命中貴人！」

「不過，我爸最近心中很煩。」

「煩什麼？」

「日本有個台灣流氓，常來電話勒索敲詐。」

「你們中國人有句俗話”善惡終有報，天道本輪迴，不信抬頭看，蒼天饒過誰“？！」

春花伸了大拇指：「你真了不起，對中國文化了解這麼多。」

「人不可太貪，太貪會得報應的！」

春花怔了一下：「你是指我爸？！還是…」

「隨便說說、隨便說說，哈哈…」

「走吧！我爸等你了！」春花主動拉了冢田吉的手，向公園門口走去。

原來今天陳添牛是要和冢田吉交談重要心事。

陳添牛不斷向冢田吉敬酒。

陳妻不斷加菜。

酒過三巡後，陳添牛一本正經地說著：「冢田吉！你是好孩子！當然也是我的乘龍快婿，今天我有困難了，我想你一定會幫我這個忙。」

冢田吉聽了這番話，有點不解：「請岳父大人吩咐！」

陳添牛暗示春花離席回房去。

冢田吉看著陳添牛。

陳添牛坐近冢田吉耳語。

冢田吉聽後，拿著酒杯，怔在那邊。

「怎麼？不答應？」

「這、這，這種傷天害理的事，我不能遵從！」冢田吉正色答。

陳添牛一聽，面色立變，用嘲諷的語調說：「好！好得很！小子！春花美如天仙，多少男孩追求她！」

「是！是！我了解，我了解！」冢田吉額頭冒出冷汗，他用手絹擦著。

這時陳添牛手機響了起來。

陳添牛不及觀察，開機按聽，一個男人的聲音傳來：「若使人不知，除非己莫為，若使人不知，除非己莫為⋯⋯」

陳添牛連忙關了手機，心慌意亂。

冢田吉站起告辭。

「你回去考慮一下，明天答覆我。」陳添牛叮囑著。

冢田吉走出帶上門。

「你剛才和豕田吉醫生說什麼？」陳妻問說。

「我要他回日本對付山豬！」

「老陳！豕田吉家，家大業大開醫院，行醫濟世，這件事是不會幹的！」

陳妻識大體分析著。

「那怎麼辦？」

「你也賺不少了，向陶家實情實報，拿報酬就好了。」陳妻還是勸著。

陳添牛放下臉說：「不行！」他又指了指春花臥房說：「她正大紅大紫，我不能放棄！」

「你太貪了，小心夜路走多了，會遇到鬼！」

陳添牛雙眼一瞪說：「我將約他明天再談一次，他是關鍵人，他若是堅決不跟我合作，他將人間蒸發！」

「什麼？」陳妻一臉驚惶撫胸。

正這時陳添牛手機又響了起來，他接聽。

「陳添牛！我已經潛伏回台灣了，能不能當面聊聊？」

「你回來，我也不怕，我馬上去檢舉！」

「哈哈⋯⋯」對方山豬陰險地大笑。

陳添牛丟去手機，手機還是傳來山豬的聲音：「去啊！你去檢舉啊！你的黑心事就曝光了，哈哈⋯⋯」

陳添牛一臉驚恐，連忙關了手機。

（二十一）

自從上次在台中酒店，娟娟露了一手後，陶父對她更加認識，不止一次對陶母說：「什麼時候，要找娟娟聊聊。」

這天傍晚娟娟應約見了面。

「姨父！最近有沒有去台中？」

「最近公司忙點，抽不出時間，妳呢？」陶父反問。

「我也沒有去，昨天我才從上海回來，姨父！今年我有兩個禮拜慰勞假，聽憑姨父差遣！」

陶父摸著下巴思考。

「好了，吃飯了，吃過飯再說。」陶母從廚房走出，一個中年下女，端了菜餚放在餐桌上。

娟娟一看大叫：「哇！這麼多菜，全都合我口味，姨媽！謝謝了！我要風捲殘雲，一掃而光！」

「知道妳今天會來，所以……」陶母微笑說著。

「那我打手機給我媽，請她也趕來。」

「不必了，今天我們倆要談正事，以後吃飯機會多。」

「是、是！請姨父多指教！」

飯後陶父與娟娟坐在沙發上，品茗高山烏龍茶。

陶父望了一眼娟娟說：「娟娟！聽說妳現在被徵信社吸收，作為徵信員？！」

「是啊！我爸以前是警察，徵信社叔叔伯伯，看我像男孩，所以……」

「我以前說過，你有你父親的基因，喜歡冒險犯難。」

「我參加他們的工作快一年了，有些防身術、擒拿術、偵查基本知識，我也學了一點。」

「不錯，儒子可教！」

「姨父！我是女生，不是男生。」娟娟笑著說。

「但妳看去像男生，講話沒有扭扭捏捏，想什麼就說什麼，而且腦子靈活、點子多，所以也被公司重用。」

「姨父！今天您約我來，一定有重要指示，請說吧！」

「妳知道，最近我和妳姨媽，心中都很煩，明明知道春花是妳表妹，可是她失去記憶，又整過容，一次兩次什麼方式都試過了，還是不能突破困局。」

「姨父！我知道了，您老人家好像是叫我使點力，幫忙突破困境？！」

「不錯！一點就明白，妳能幫忙嗎？」

「姨父！您這不是廢話嗎？！對不起！對長輩我不該這樣說，我與麗君從小就合得來，我心中煩悶，也不少於姨父姨媽，我發誓，我一定努力以赴，赴湯蹈火，在所不惜。」

「很好！」陶父伸大拇指讚許。

「姨父！我現在是徵信社工作人員，做偵防工作，給警方多一雙眼，尤其在娛樂圈中物色人選。」

「哈！我想的就是這個！」陶父拍了拍大腿，站了起來。

「姨父是說？！」

娟娟也跟著站起，望著陶父。

「你去吸收春花，讓她偵防這件迷案！」

「天哪！姨父！您是天才，萬一破案，真相大白，那不是麗君自己偵查自己，佩服！佩服！」娟娟眉開眼笑。

聽得站在一旁的陶母，也喜極擦淚。

這時陶父手機響，他一聽，只聽他神經緊張大聲說：「什麼？什麼？」就呆在那邊。

「什麼事？」陶母驚訝問著。

「台中徐董來了電話，他說今天晚上春花沒有上節目，恐怕失蹤了！」陶父答著。

陶母與娟娟聽後也呆住。

陶父當機立斷，決定立即連夜購了高鐵車票，與娟娟趕去台中，查詢真實情形。

一個多小時後，抵達台中，還不到深夜十點，立即約豕田吉醫生、陳添牛夫婦查問實情。

豕田吉連絡不上，陳添牛說明失蹤前情況：傍晚，春花提了一隻高跟鞋，去對面修鞋店修理，因為那隻高跟鞋，二吋高根斷了，她上節目最喜歡穿這雙高跟鞋，本來陳妻要陪她去，因為當時陳妻正在燒菜，抽不出時間，二是修理店在街對面，路不遠，春花就一邊哼著小曲，走了去了。

等了很久，不見春花歸來，夫妻倆很著急，連忙外出找尋，而那個修理鞋匠的老人，也說沒有看見春花來過，情況就是這樣⋯⋯。

陶父聽後判斷情況，是否被人綁架？

這時陳添牛又補充說：「前個時候在日本有個台灣通緝犯，曾敲詐他不少錢，近日又來電勒索，他沒有答應，前天他又來了電話，說他已偷渡入境，可能是他下了手？！」

正在這個時候，豕田吉打電話給陳添牛，說他現在在某地，與看去像富二代的青年談判，他們彼此懷疑是將春花隱藏，正圖得到暴利。

娟娟有台中警方熱線，連忙密報，請警方協助解厄。

他們一行趕到某地，原來是一個山區一角，兩派人馬，富二代有兩個機器人，手執手槍，豕田吉有兩個超胖相撲穿了丁字褲，手執武士刀對持，看去劍拔弩張，隨時會爆發一場血拚。

警方趕到，令兩方各退後二米，收繳武器，原來富二代這邊兩把手槍，是木製贗品，假手槍，而豕田吉那邊，兩把武士刀，也是木製，嚇嚇對方的。

警方莞爾，因為未發生事端，勸解各自散去，並警告不得再惹事生非，製造社會動亂，如不聽勸告，將有嚴重後果。

一場血拚有驚無險，和平落幕。

* * *

陶父與娟娟住進飯店，陶父研判，那個在日本的台灣通緝犯，山豬已入境，元凶明顯，要娟娟與警方加強聯繫，查明山豬是否真的入境？落地在何處？

陶父因公司事忙，次日返台北市，囑娟娟留在台中，處理春花失蹤事，隨時手機連絡。

次日，媒體大量報導，名歌星春花失蹤事，不管識與不識，大家都很關心。

陶父研判正確，這件名媛失蹤案，是山豬和那個看去富二代的青年幹的。

他倆早就盯上春花，每日傍晚，山豬和富二代青年帶了大口罩、頭套，在陳添牛住家附近窺視，伺機下手。這日看見春花出門，提了一隻高跟鞋，哼著小曲，在一個拐角，四處無人的時候，立即向前，一個用長帽套在春花頭上，一個用特製口罩，不讓春花出聲。

春華當然意外，掙扎大叫：「你們幹什麼？你們幹什麼？」聲音太小，不能引起別人注意，而且一個弱女子，怎能有力氣抵抗兩個大男人？！

他倆神色緊張，內心歡天喜地，一輛破舊小客車，停在附近，把春花推上車，就往偏靜的山區駛去了。

娟娟腦筋靈活，有備無患，前兩天在酒店就有第六感，彷彿覺得那個看去富二代，是詐騙集團成員，用長程相機拍了半身照片，她這時將照片交警方，洗了千張複製，分送各地警方辨認。

不久傳來消息，富二代這兩天，不時騎機車來往山區，可能有問題。

娟娟故技重施，她妝扮雞皮鶴髮老婦，面前地上，放了一個大麻袋，似在等人。看去的富二代，騎機車經過此處，看老婦神色緊張，四處張望，引起好奇。停車詢問：「老太婆！你這個麻袋裡裝了什麼？」

「噓！不得聲張！」娟娟故弄玄虛。

「怎麼？麻袋裡有寶貝？！」

「比寶貝更寶貝，中南美偷渡來的奇禽異獸。」

「我能看看嗎？」富二代問。

「不行！我等買主，一手交錢、一手交貨。」

「我也喜歡奇禽異獸，我能問多少錢嗎？」

「不好意思，老闆交代，我不能隨便說出價錢。」

「講個數字，我家也有稀有寶貝，等高價賣出。」

娟娟覺得與事先想的不謀而合，但還是故裝搖頭。

那個富二代見老太婆一直搖頭，更引起他的好奇，說著：「那能不能告訴我，這是什麼奇禽異獸？」富二代有點急了。

「你能保密？」娟娟有些退讓。「老闆叫我不要洩漏機密，看你是個規矩老實青年，告訴你吧！」她特別以手掌掩嘴說：「中南美來的，全世界一級保護動物，叫"朱寰鳥"

「嗳！以前沒有聽過。」

「你不能告訴別人，我們做的是非法生意！」

「我理解，我理解！我能看看嗎？」

娟娟搖頭，捏緊麻布袋口袋。

人們有種好奇心，你不讓他看，他偏想看：「怎麼不？我給你一千元，讓我看一眼，可以嗎？」

娟娟考慮俄頃說：「誰叫我心腸軟。」她伸出手掌。

富二代掏出小皮夾，抽出一千元台幣，交在老太婆手中。

老太婆這才鬆開大麻袋口，讓富二代低頭觀看。

富二代伸頭入袋，看了看說：「是有一隻鳥，彷彿是高腳鷺鷥。」

「是有一點像，看夠了吧！再看就要加碼！」

「好、好，我再看一看。」看去像富二代的青年，究竟嫩了一點，不知是計，等他再次伸頭入袋，事先在一旁樹叢裡埋伏的豕田吉，一個箭步奔出，抱起富二代，往大麻袋一塞，收緊麻袋口，打了結，抱起就跑。

富二代在麻袋裡吶喊：「救命啦！救命啦！」

豕田吉在他頭部猛擊，他受傷，不再叫喊了。

豕田吉與娟娟，逮了富二代，到了一個工寮，才把他放下，拉出。見他滿臉是血，大概是豕田吉重擊，打在他鼻樑上之故，然後把他綁在工寮柱子上，蒙了他的雙眼，豕田吉和娟娟這才喘口氣，取出自備的冷飲喝著。

「你們是誰？你們是誰？怎麼綁了我。」富二代一邊掙扎一邊叫著。

「不管我們是誰？我只問你，你和山豬是不是一夥？！」娟娟厲聲說著。

富二代嘴巴動了動，無言。

「你說不說？你不說，我們手上有一瓶狗屎伺候！」

豕田吉拿了一瓶塑膠瓶，碰了碰他的嘴巴。

他還是閉口不言。

「好！有種！我們還準備了一大包人們大便。」

娟娟拿了一個塑膠小袋，碰了碰他的嘴唇。

看去富二代終於點點頭。

「春花是不是你們綁架了？說！不說，我要來硬的了！」

豕田吉取出一把匕首，碰了碰他的臉頰。

富二代覺得匕首碰了面頰，有點涼意，害怕了，點了點頭。

娟娟與豕田吉互望一眼，覺得研判正確，心想事成。

「是不是在附近？」豕田吉又問。

「就在拐角，一間空屋，前後有鎖。」富二代招了。

「鑰匙拿來！」娟娟命令著。

富二代從褲袋掏出鑰匙。

「山豬也在那邊吧！」豕田吉質問著。

「他剛才打手機給我，他要去台北，要我來看管春花。」

「很好！有問必答，年紀輕輕，誤入歧途，可惜！」娟娟感慨著。

「我想喝水。」富二代試探著。

娟娟望了豕田吉一眼，點點頭。

豕田吉從背包內，取出一瓶礦泉水，交了富二代手中。

他還是有點質疑：「這不是人尿吧？！」

「少說廢話，你不喝，收回！」娟娟厲聲說。

山區空屋，是農民一間大一點的工寮，有破舊木桌椅。

春花被蒙眼，綑綁在柱子上，他倒是聽天由命，一點不害怕，還輕輕哼著小曲，用雙腳打拍子。

「春花！我服妳了，在這個時候，還唱小曲自娛。」

「怕有什麼用？！大不了一死，我是從死關頭逃出來的，請問你是日本山豬叔叔吧？！」

「不錯，我就是台灣通緝犯，我又回來了。」

「你綁了我，有什麼企圖？」

「我現在生活困頓，以前我大力照顧陳添牛，如今他發財了，要他小小回報，他卻鐵面不認，還要報警，所以我綁了妳這株搖錢樹，叫他吃點苦頭！」

山豬說了實話。

「你和那個看去是富二代的青年，是一夥嗎？」

「不錯，他去酒店捧妳的場，後來與豕田吉對決，都是我出的點子，掩人耳目。」

「山豬叔叔！你真聰明。」春華適時讚了他一句。

「謝謝了，這個年頭，壞人當道，無業遊民沒有兩下子，怎麼生活？好了，我要和陳添牛通話。」

山豬拿出手機，點了號碼。

那邊陳添牛接聽：「喂！」他聽出聲音，知道是誰？「我正在等你的電話。」

「那真是心有靈犀一點通，哈哈⋯」

「你高興什麼？」

「我們是好兄弟，好哥們，現在我很高興、很爽快，現在鄭重通報你，那株搖錢樹，目前在我手裡。」

「不意外！」

「搖錢樹啊！搖一搖，嘩啦、嘩啦一個個金元寶，就掉下來了。」

「廢話少說，你開出條件吧？！」

「好！你怎麼不問，我怎麼對待她的？」

「好！請說！」

「我對她好得很，一天三餐，不是山珍海味，麻油雞、日本高檔料理。」

「那謝謝了。」

「不用客氣，除了這些高檔餐飲，另外，我還加了一點非常的補品！」山豬戲弄對方。

「什麼補品？！」

「第一天中午加了”大麻“，晚餐”安非他命“；第二天中午加”古柯鹼“，晚餐加”海洛因“。」

山豬還沒說完，陳添牛就急了，大喊：「不要！不要！你是想慢慢要她中毒，你傷天害理！你會得到報應的！」在現場春花聽了，也嚇得額頭冷汗涔涔而下。

「好！那我們談條件！」

「你說！你說！」陳添牛有點急了。

「五根五兩重的金條，怎麼樣？！」山豬開出條件。

「你獅子大開口！」

「好！你不答應是不是？！沒有關係，反正人在我這裡，我能耐心等待，哈哈⋯」山豬大笑起來。

陳添牛恨極，咬牙，關了手機，他正在喝酒吃飯，他火了，手一刷，一桌佳餚，碗盤盡數跌了一地。

陳妻也嚇得目瞪口呆。

山豬有恃無恐，抖動二郎腿，一邊吃豬耳朵，一邊哼著台灣小曲，悠然自得。

正這時娟娟與豕田吉猛敲門。

山豬不知究理，還埋怨說：「是小二嗎？你自己不是有鑰匙？

山豬開了門，娟娟已通報當地警方，豕田吉押了手銬腳鐐的富二代進去，後邊十數位員警持槍跟進。

「不准動！」一名員警大聲命令著。

山豬奔回，欲取檯面上一把手槍抵抗。

一員警立即扣了板機「砰！」一聲向地面發射。

終於山豬被制伏，也上了手銬腳鐐，被警方押走。

娟娟立即替春花解去繩索、眼罩，春花恢復自由，與豕田吉微笑含羞對望。

「春花！你應該謝謝娟娟，是她出點子，立了大功。」

春花一個箭步，投入娟娟懷抱，喜極而泣，說：「我知道你們會來救我的。謝謝了！」

「當然，妳是我的心肝，我想死了。」冢田吉說。

春花這才與冢田吉擁吻。

娟娟避開，走到一角，取出手機，立即向姨父稟報：麗君已獲救，她很安全。

陶父母也驚喜，當即買了高鐵車票，夫婦倆趕赴台中了。

當天晚上，春花上了節目，大概是廣播電台，即時報導，名媛春花脫險，酒店顧客大爆滿，眾人紛紛送紅包，陳添牛夫婦還用大塑膠袋裝，收入甚豐。深夜，陳添牛在高檔餐廳，第一次破費作東，道謝有關人員，也力邀警方代表，但警方並無代表出席。

這次娟娟冒險犯難，救了春花，立頭功，姨父開了一張二十萬支票獎勵，姨媽也不吝嗇，將手指上的鑽戒賞了娟娟，娟娟感動而泣。

當然冢田吉也有功勞，陶父緊握冢田吉手，一再表示感謝，陳添牛看在眼裡，想在心裡，現在外在的威脅是解除了，唯一擔心的是，日本醫生冢田吉，他是一個極為重要關鍵人物，他若向陶父吐實，後果嚴重，鼠目尖下巴的他，計算如何面對！

（二十二）

陳添牛為了掩人耳目，特別約冢田吉避開中部，在台北新店碧潭吊橋見面，年輕時他常游泳，他心中想的是，逼冢田吉就範，好像以前也曾經逼他過，這次是最後一次，若冢田吉反目，他將採取行動，將冢田吉推下吊橋滅口，就算他自己也落水，因他識水性，也可無虞。

這日陶父母已返台北，只有娟娟留下陪伴春花。

陳妻心理善良，她無意中聽添牛與冢田吉通話，恐發生不可預測的大事，她密告了娟娟，於是陳妻、娟娟、春花三人連袂去了新店碧潭風景區。

娟娟一到新店，就請警方協助，警方派出二警員，在吊橋兩頭戒備，如談判不成，發生事端，他們將出手干涉。

新店碧潭吊橋，有男女遊人，揹了相機拍照。

豕田吉在吊橋中段舉目四望。

少頃，陳添牛吸煙走近。他倆互望，各有心事，陳添牛為討好，抽出一支煙，遞給豕田吉，豕田吉搖頭婉拒。

「你怕香菸有迷魂藥？！」陳添牛說。

「岳父大人！怎麼今天口氣不大好！？」

「問你自己啊！」

「我怎麼啦？做錯什麼事了？！」

「我叫你回日本對付山豬，你一直不聽我的話？！」

「這件事已經結束了，我不是也有功勞？」

「嗯！這點你是有點功勞，謝謝了！」陳添牛雙拳作揖狀。

豕田吉也回以拳禮。

「不過，還有一件事，你得百分之百聽我吩咐，我今天約你來，就是為了這件事。」

「是！我一直對你很尊敬，唯命是從，岳父大人！」

「不聽我的話，你還想做我的女婿，夢想！」

「岳父大人！究竟什麼事？你說了半天，也沒有說明白，我怎麼遵從？」

陳添牛吸完菸，煙頭往橋下一丟，然後走近豕田吉身邊，輕聲說著什麼。

豕田吉聽後呆住。

陳添牛在腰間抽出一把匕首。

「怎麼樣？答應，用這把刀，在小指上劃破流血，表示確切遵從！」

「若我還要考慮考慮呢？」

「那就是不服從！」陳添牛口氣冷峻。

「長輩！我雖然愛春花，但我也有脾氣，你用匕首威脅我，我是不能答允的！」

「今天，我是鐵了心了，你答應是答應，不答應也得答應！」

「我們日本人也有骨氣，你這麼盛氣凌人，嚇不倒我的！」

「那我就不客氣了！」陳添牛正想一把抓住豕田吉，豕田吉退後一步，陳添牛沒有得逞。

正在這時，陳妻、娟娟、春花趕到吊橋，見陳添牛豕田吉二人正在拉扯之際，陳妻大叫著：「豕田吉醫生！你快點走！他要殺你！」

陳添牛拿了匕首，捨豕田吉，走近妻子，厲聲喝著：「老太婆！你敢反叛我！不想活了！」

春花也大叫：「豕田吉快逃！聽到沒有？！」

陳添牛極為生氣：「好、好，你們都不是好東西，今天我要大開殺戒，一個都不留！」

陳添牛失去理智，正要對老婆及春花行兇。

春花花容失色，仍然大叫著：「豕田吉！你快逃，不要管我！」

陳妻也大叫：「救命啦！救命啦！」

豕田吉一個箭步，從背後緊抱陳添牛。

陳添牛用匕首刺豕田吉雙臂，豕田吉究竟比陳添牛年輕力壯，他奪了陳添牛匕首，丟入河中，兩人在吊橋上扭打。

春花見狀況危急大喊：「不要！不要！」

兩個員警持槍，已從吊橋兩頭包抄過來，一邊吹哨一邊喊：「不准動！雙方不准動！」

豕田吉一個閃神，被陳添牛用九牛二虎之力，推下吊橋。

春花見狀大吼：「家田吉！家田吉！怎麼這樣？怎麼這樣？」春花嚇得身子搖幌暈過去了。

「快送醫院，快送醫院！」

娟娟雙手發抖，打手機求救。

春花已暈倒，躺坐在吊橋上。

兩頭警員漸漸逼近陳添牛，他心中早有打算，雙眼四望，見警員將近，爬上吊橋欄杆，一躍而下。

兩人都跌入碧潭深水中。

家田吉是游泳高手，他游向深水岸邊，那邊有人把他拉起。

陳添牛則向有茶座的岸邊游去，巧有一青年騎了機車而至，陳添牛把他推開，騎上機車逃逸了。

兩個警員來遲了一步，只有吹哨虛張聲勢而已。

一輛救護車向附近一家醫院駛去，娟娟陳妻陪著，抵達醫院，醫生護士忙著急救，春華閉目未醒。

娟娟立即通知姨父、姨媽。

陶父母情況未明，十萬火急，趕來醫院探視。

豕田吉上岸一身水濕，在吊橋頭有服裝店，他身邊剛好有點錢，隨便買了一套男裝，他親眼看見一輛救護車，抬了一個病人上救護車，他研判，他有第六感，可能是春花，而且他是醫生，救護車只送附近醫院。

春花打著點滴，娟娟、陳妻不時按著春花脈搏，覺得脈搏正常，生命無慮。忽然春花腦裂絲絲作響，雙眼發生閃光，她驚訝大叫：「來人啦！來人啦！」

娟娟與陳妻正在病房門口，買了點心進食，聽見叫聲，連忙奔入。見春花已坐在床頭，斜靠著大叫：「我怎麼在這裡？我怎麼在這裡？！」

娟娟抓了她的手問說：「春花！你怎麼啦？」

「什麼春花？我叫麗君！」

娟娟一聽驚喜，呆住，然後一把抱住麗君大叫：「天啦！妳恢復記憶了。」

「妳是表姊娟娟是不是？」

「是、是、是。」娟娟一連說了幾個是，就緊抱麗君驚喜而泣。

「我在哪裡？是在日本？還是台北？」

「是在新店一家大醫院。」

「我生病了？！」

「對！對！妳病得不輕，現在活過來了。」

麗君看了陳妻問說：「她是誰？」

陳妻無抱怨之態，反而微笑說：「等妳父母來了再說吧！」

陶父母到了醫院，娟娟在門口迎接，報告麗君已恢復記憶的消息，父母聞悉，不信自己耳朵，陶母激動地說：「真的嗎？真的嗎？謝謝老天爺！」

陶弘仁內心當然非常喜悅，見老妻過於激動，勸著說：「不要緊張，不要激動，不要嚇倒她又失去記憶了。」

「好、好，我知道了，我知道了。」陶母擦著眼淚，跟隨丈夫匆快走到了病房。

麗君已拔去點滴，站在床前，雙臂張開，作擁抱狀，大吼：「爸！媽！我們好久不見了。」

「是好久不見了，我的女兒呀！」三人擁抱，熱淚直流。

陶父比較理智，輕說：「日本大地震、海嘯，妳失蹤了，妳媽揹了看板，去日本尋找兩次。」

「我失蹤了？為什麼失蹤？」

「妳病還沒有完全好，只恢復了一半，記起前面，忘了後面。」

「什麼？什麼？」麗君一團霧水。

正這時，豕田吉也趕來了，他見了麗君，感情地叫著：「春花！妳好了？！」

「你叫我什麼？你是誰？」麗君忘了他。

豕田吉是醫生，雜記刊登，失憶人有恢復記憶的報導，常常記起以前，忘了以後，但能否恢復前段後段，全部恢復，那要看天意了。他替陶董夫婦高興；但對自己有點失望，他只好踟躕站在一邊。

娟娟看在眼裡，她有男人風，是什麼、說什麼，不管別人受得了受不了，而且這些日子，和豕田吉混熟了，她把他拉到一邊，輕語道：「我表妹麗君，早有相戀多年的男友，準備今年底訂婚，她恢復記憶了，我看你這個虛幻的情人，可能……」

「我理解，我理解！」豕田吉環顧周圍眾人，只好暫時走避，讓麗君與父母沉醉在失而復得的氣氛中。

豕田吉與陶父母打了招呼，走出。

陶父送到門口，對他說：「豕田吉醫生，你暫時避一避，過一兩天，我再和你聯絡。」

豕田吉對陶父深深一鞠躬，灰頭土臉走出。

陳妻也準備離去，向陶母告別。

陶母望丈夫。

陶父當機立斷說：「陳太太！請暫時不要離開，麗君一樣偏勞妳照顧。」

陳妻聽後熱淚直流，如今丈夫陳添牛欲害豕田吉，已逃逸無蹤，生活無著，能留下是上上策，她欲下跪致謝，陶母連忙拉住她說：「不要客氣，不要客氣，麗君！妳失去記憶多日，蒙她照顧良多，妳就認她做乾媽吧！」

麗君點頭，微笑抓了陳妻手，叫了一聲：「乾媽！」

「不敢當！不敢當！」陳妻又淚灑當場了。

這時豕田吉出而復返，眾人不解，他對陶父說：「陶董！我有很多話要向您稟報，為了良心，我不能一走了之。」

「我也有很多話要問你，這樣吧！一起去我家，我們深談。」

麗君無什麼毛病，立即辦理出院手續，

陶父母及麗君坐陶父專車，娟娟陪同冢田吉、陳妻，叫了一輛計程車，一同回到陶家。

陶父已電娟娟母親美珠，買了一長串爆竹，在門口點燃，引起附近住民圍觀，又在院子裡準備了一個火盆，讓麗君在火盆口經過，去霉運。

陶家嬌女失而復得，當然是陶家大喜事，立即電話大飯店送來一桌酒席，陶母一再拉住麗君手，深怕他再次失蹤，母女情深，令人感動。

酒席後，陶父請他(她)們圍坐一圈，一個人也不能走，要聽三一一日本福島大地震、海嘯，麗君遇險，如何被救的情況。

首先被點名的陳妻，她簡要說明，那天是她二十二歲的女兒春花，病逝三年紀念日，她正在點香祭拜她，突然發生大地震，她和丈夫逃到山坡上，等海嘯過後，下山坡看見一棵大樹上掛了一個女人，她摸了摸女人手臂，還有溫度，就覺得應該救她，這個女人一身泥漿，她和丈夫陳添牛輪流揹著，這個半死半活的女孩，去了一家醫院，這家醫院因係救災，全部免費，救了那個少女，因她已失去記憶，我就…」

她說到這裡，停了下來，望著陶母。

「怎麼不說了？」陶母問說。

「我不敢再說。」陳妻擦著眼淚。

「沒有關係，是不是妳想死去的女兒想瘋了，剛好找到一個失去記憶的女孩，而且年齡相當，妳就大膽冒認是妳的女兒春花，死而復活了？！」

陳妻頻頻點頭：「對不起！我不該自私冒認，失去天良。」

坐在一旁的麗君，雙眼茫然，插不上口。

「以後我來說吧！」豕田吉搶著發言。

「嗯」你是關鍵人物，後來的事，你來說吧！」陶父急於想知道，怎麼救活麗君，詳細情形，溢於言表。

豕田吉乾咳兩聲，一本正經說著：「當時海嘯已退，大家手忙腳亂，當時災民一個個送到醫院，是我家開的，我剛從東京醫大，研習博士學位，碰巧回來福島，當時也沒有詳細登記，我問明了，他們姓陳，台灣來的，就以陳女名字，送入手術室。」

「我補充一句。」陳妻說：「女孩全身汙泥，我們用醫院門口自來水管，把他沖洗乾淨。」

「嗯，應該。」陶父點頭，感到日本人辦事，仍然亂而有序。

「那個時候，這個女孩面部被海嘯雜物衝擊，千瘡百孔，我是整容專家，所以我用了五個小時，為她整容。」

「長話短說，你替麗君整容了？！」

「她本來體型好，蜂腰圓臀，面目一定也不差，我特別小心慎重，用高科技，用我專業，我要將這塊美玉雕刻得完美無損。」

「豖田吉醫生！你是想把這塊美玉雕刻得更完美，可是我的女兒變樣了，看去似是非是，如果沒有整容，雖然臉皮有疤痕，認出的機率就大了。」陶父有點不領情。

「對不起！」豖田吉站起向陶父行禮。

「請繼續說，對，我問你，為什麼把麗君臉上多了一顆痣？！」

「這是我神來之筆，多了一顆痣，不是更增姿色！」

陶父用手指，點了點豖田吉，是指他多此一舉，還是讚揚他，別人不得而知。

麗君這時拿出一面鏡子，撫摸小痣。

「十天後拆線，叫春花的少女，美如天仙，出我意外，而我也愛上她了。」

「日本情聖！」娟娟脫口而出。

「我很抱歉，我是元凶，我是罪魁禍首，我道歉！」

「不！罪魁禍首是我那個死鬼，他把春花…對不起，應該叫麗君，他發現麗君有才藝天才，把她當搖錢樹，有一個台灣跑到日本的山豬，他是個流氓，得知情形，向我先生敲詐。」陳妻做了說明。

「以後的事情我來補充吧！」娟娟說：「為了躲避那個惡煞，有緣遇上台中市一家大酒店老闆，重金禮聘，她們回到台灣來了。」

「這一段我很清楚，麗君轉移台中，豕田吉也緊追不捨，來到台中，參加亞洲國際國標舞比賽，得到冠軍，又引起山豬眼紅，再次敲詐。」陶父簡短說著。

「不過，由我看，那個流氓山豬也有功勞。」娟娟說。

「什麼？」陶父不能認同。

「姨父！我是另外的思維，若不是山豬偷渡來台，他夥同看去是富二代的青年，密謀綁架麗君，被我用計逮捕歸案…」

「好！這段妳有功勞！」陶父伸了大拇指誇讚。

娟娟接著說：「現在只剩下冢田吉了，他是關鍵人物，他若向姨父吐實，有嚴重後果，於是陳添牛約了冢田吉，在新店碧潭吊橋談判，我和麗君、陳太太趕到碧潭，陳太太大叫警告冢田吉，陳添牛要殺冢田吉，陳添牛失去理智，怪妻子反叛，欲加害妻子，冢田吉奪刀，兩人扭打，我已通報警方兩個警員，從吊橋兩頭包抄，最後冢田吉與陳添牛，雙雙跌入碧潭，麗君見此情況，嚇到暈倒，送了附近醫院，想不到麗君這一嚇，嚇到恢復記憶，父母、女兒大團圓。」

「如果不是陳添牛失去理智，想加害妻子，如果不是他們雙雙跌入碧潭，如果不是麗君嚇到暈倒，這一件錯綜複雜的案件，恐怕到現在還在摸索。」陶父分析說。

「對！對！」陶母認同夫婿觀點。

「冢田吉醫生，我們不會怪你，以後的情形，我也大致了解，總歸一句話，是命！命中注定要發生這麼多事。」他又對麗君說：「麗君！你聽後，記起那些事情了吧？！」

麗君搖頭：「我怎麼一點印象也沒有，腦中一片空白。」

「春花的父親太貪了，多少次威脅我，怕我告密，想對我滅口！」豖田吉說。

「唉！」陶父嘆了一口氣：「人在做，天在看，古人曾經說過：「善惡終有報，天道本輪迴，不信抬頭看，蒼天饒過誰？！」

「還有一句話：天網恢恢，疏而不漏，多行不義，必遭惡報！」陶母也感嘆著。

豖田吉終於坦白吐實，心中一塊石頭放下了，他向眾人告辭，走到麗君面前，以往他們都是緊擁甜吻，這時麗君冷眼面對，伸出右手，看麗君毫無握手之意，只好失望離去。

「破案了，我們的任務完成，我的休假也屆滿了，明天要去公司上班，恐怕又要派我去大陸視察分公司業務，姨父！姨媽！謝謝了！」

娟娟向陶父母鞠躬。

「你要走了？！」麗君有點不捨。

「你捨不得我？好！今天我可以陪妳！」

娟娟母親美珠，看女兒對姨父母一再答謝，一定有什麼原因，於是他問著娟娟：「娟娟！妳好像有什麼事，瞞著我？！」

「對了，事情忙，一時忘了向媽媽報告，因為我幫忙破了案，姨父賞我二十萬元，姨媽賞我一個鑽戒。」

「什麼？！這麼好的消息，妳怎麼以前不說？！」美珠大叫起來。

「二十萬分一半，鑽戒媽來戴怎麼樣？」娟娟笑說。

「死ㄚ頭！我愛妳！」

眾人哄堂一笑。

麗君恢復記憶，大家才想起李志明，和情同姊妹的婷婷，他倆沒有在現場，可能是他倆不知麗君已恢復記憶，因為大家事情忙，沒有告知李志明和婷婷。

但是這時候的麗君，強烈想見到他倆，婷婷住家，麗君以前去過，她還記得婷婷手機號碼，手機通了，婷婷沒有接聽，就由表姊娟娟陪同去婷婷家了。

兩人走到台北市遂安街婷婷住家門口，不太大的空地，停了不少小客車及機車，屋內不少人談笑風生，麗君正在疑惑，今天婷婷家好像辦喜事，一個二十多歲的少女，也是麗君高中同學，名叫玉玲，她一見麗君，張口結舌，看了看疑惑問說：「妳是麗君？！」

「對啊！我們是同學，妳忘了？！」麗君微笑說。

「不是聽說…」玉玲未說完，娟娟立即搶道：「麗君已經恢復記憶了。」

玉玲一聽，意外展現笑容，一把抱住麗君，歡悅地說：「老天爺！太好了！我趕快去通知婷婷。」

玉玲要轉身，被娟娟拉住問說：「婷婷在家？！她們家辦喜事？！」

玉玲沒有立即回答，考慮俄頃才說：「麗君！請妳心裡作準備，我若說出來，妳恐怕不好受。」

麗君，娟娟均不解，不知何意？娟娟促說：「妳說吧！天塌下來，由我撐著！」娟娟向來有男人風，說話豪爽。

「婷婷今天是訂婚喜宴。」玉玲吐實。

「那恭喜了，我要快點進去道賀！」麗君欲走，被玉玲擋住。

「妳還沒有問，跟誰訂婚？！」

「這麼幸運的男孩是誰？是誰？」

「妳心中先做好準備我說出來，妳可能暈倒！」

「沒有關係，妳說吧！」麗君還是很鎮定。

「李志明！」

麗君腦中〝轟〞一聲，差點暈倒。

李志明與麗君熱戀數年，本來準備今年底訂婚，突然聽了這個消息，當然非常意外，二是吃驚，一再搖頭，不信這個消息，可能是玉玲故意戲弄她，開著玩笑。

玉玲握著麗君手說：「我知道妳一定受不了，其實李志明是愛妳的，日本大地震、海嘯，妳失蹤了，志明親自去日本尋妳，婷婷也很著急，有一天李志明在淡水河邊想妳，大吼妳的名字，碰到婷婷，婷婷看她瘦了一圈，同情他、安慰他。後來妳回台灣，在大酒店表演，妳爸媽認了妳做乾女兒，邀請妳來家看相簿照片，也邀了志明、婷婷，都希望妳能恢復記憶，可是妳一點也不認識了，一如陌生人⋯⋯」

「這點我證明，我也在現場。」娟娟說。

「後來知道有個日本醫生愛上了妳，還追到台灣來，變成異國情侶，而李志明和婷婷還自責，不該趁妳失憶，趁虛而入，橫刀奪愛，可是感情的事，很奇妙，先是相互安慰，後來慢慢走在一起了。」

麗君聽後，有哭的衝動，取出手絹擦淚。

娟娟安慰：「天意！這是天意！不要難過，妳不是還有一個豕田吉？！」

「我去通知婷婷、李志明吧！」玉玲說。

麗君抓住玉玲手：「不！不必了，妳替我傳一句話，我恭喜他們了！」

麗君轉頭欲離去，走了幾步，又回頭，走到一個窗口，向內張望，見李志明和婷婷，胸前掛了紅綢條，執杯敬酒，眾人熱烈鼓掌。

這時突然烏雲密佈、閃電不停、雷聲不絕。

娟娟望了望天，著急說：「要下大雨了，我們去找個地方躲雨！」

不遠有個小公園，有個小亭，她倆快步跑去，突然一個巨雷打在公園一株大樹上，一株大樹劈了兩半。

麗君驚呼抱頭：「啊！」一聲，她暈過去了。

娟娟抱了她進入涼亭，滂沱大雨，令人心悸。

不久雲散雨止，娟娟用食指按麗君人中。

麗君漸漸蘇醒，望著娟娟。

「表姊！是妳嗎？！」

「那妳以為我是誰？是日本名醫冢田吉？！」

「冢田吉！冢田吉！我好像有點熟，我腦中一閃一閃，表姐！快抱住我！」

娟娟連忙緊緊抱住她。

「哈哈…哈哈…」想不到麗君竟掙脫站起，手舞足蹈，狂笑起來。

「妳怎麼啦？是不是受了打擊。又變成瘋子了？！」

「我瘋了，我瘋了，哈哈！」突然想起台灣有首「蘋果花」的曲，她竟一字一字唱著：「蘋果花迎風搖曳，月光照在花蔭裡，想起了你，想起了你噯…噯…只恨你無情無義一心把人棄，害得我朝朝暮暮夢魂無所依…

麗君唱完，含笑站在那邊，望著娟娟。

「你想起了誰？」娟娟問說。

「冢田吉啊！我一生前段、後段，全想起來了，哈哈我完全恢復記憶了！」

娟娟一聽，歡快地抱住麗君說：「好！太好了，這是天大的好消息，我們趕快回去告訴姨父姨媽！」

（二十三）

父母得知麗君全部恢復記憶，當然喜出望外，父母女兒三人擁抱在一起，當場淚崩。

這時阿姨娟娟母親也在，見此情此景，也擦著熱淚，她突然問說：「找到婷婷、李志明沒有？」

「找到了，想不到，太想不到了，難怪他們沒有到這裡，原來他們兩人正在家中訂婚喜宴。」娟娟說著。

這又是意外，這兩天李志明見到陶董，欲言又止，還請了兩天假期，原來…」

陶父雖然心中有點不滿，年輕人，把愛情當作遊戲！但麗君有了日本名醫冢田吉緊追不捨，也許是天意解決了問題，他立即問著麗君：「女兒！妳剛剛恢復記憶，又發生這種事，心中一定受不了？！」

麗君爽快地說：「沒有關係，我已託人向他們道賀！」

「娟娟！妳有冢田吉手機號碼嗎？」陶父問說。

「有！」娟娟答。

「那現在打手機給他，請他立即向我報到！」

「遵命！」娟娟打了手機，臉色大變。

「怎麼啦！？」陶母問說。

「冢田吉因為得知麗君已有情人，準備年底訂婚，而且今天她已不認識他了，失望透頂，他買了機票回日本去了，他現在在桃園機場，正準備登機。」

眾人一怔，真是一坡三折，又是另一個意外，陶弘仁究竟是大企業家，他得問問麗君自己的想法，再採取行動，於是他問說：「麗君！妳覺得冢田吉這個人怎麼樣？！」

「爸！我！我…」她不好意思明說，只是擦著眼淚。

「妳是深愛他的？！」陶父問說。

麗君點點頭。

「那妳還猶豫什麼？雖然我對日本，有些事不甚滿意，但是冢田吉醫生，是個傑出的日本青年，妳馬上去日本，把他拘捕歸案！」眾人一笑。

「妹妹！娟娟要銷假上班，我想只有拜託妳了，妳陪麗君去日本，麗君不能再失蹤了！」陶母拉著妹妹美珠手說。

「得令！」美珠立正笑著說。

* * *

急事速辦，美珠即刻去買了機票，陪伴麗君飛去日本。

美珠曾經陪陶母去過一次日本，麗君在日本留學二年，熟人熟路。

先到豕田吉醫院，豕田吉有事出去了。

彷彿有神明指點，麗君想去當時海嘯，她被救的那株大樹看看，拍個照，留個紀念。

兩人走近，見一個高瘦的青年男人，帶了墨鏡，抬頭望著那株大樹，麗君定睛再看，甚喜，原來心上人就在眼前。

她調皮的心態又起，她先不聲張，撿了一塊石頭丟去。

豕田吉這才後望，看見麗君，疑惑，取下墨鏡，果是心上人，喜極，向麗君跑來，麗君亦向他奔去，兩人對望，豕田吉張開雙臂欲擁抱，麗君望阿姨美珠，美珠知趣雙手掩臉，這一對情侶，這才熱烈擁抱，豕田吉叫著：「春花！春花！我愛妳！」

麗君掙脫退後一步，有點生氣說：「我是麗君！」

「對不起！麗君！我愛妳！」

他倆再次擁抱熱吻。

美珠這才大聲叫著：「豕田吉醫生！麗君的父親要麗君把你押回台灣，有重要的任務交給你！」

豕田吉抱著麗君打轉一邊狂叫：「萬歲！萬歲！哈哈……」

正這時陶父接到警務處一位高級長官電話，陳添牛欲偷渡出境，被警方逮捕了，問陶父是否控告陳添牛詐騙斂財，及殺人滅口之罪？

陳妻一直在陶家，連忙向陶父下跪，為夫求情。

陶父拉了她站起，正色說著：「我知道妳心地善良，因失女悲痛，誤認麗君是妳的女兒死而復活，雖然一時貪念，也情有可原，後來在日本，看見麗君母親揹了看板尋女兒，又見妳先生太貪，不止一次勸妳先生報警自首，可是陳添牛不肯，他太貪了，我們中國又句古話『貪如火，不遏則燎原；慾如水，不遏則滔天』意思是凡事要節制，弄到後來，悔不當初。」

「請董事長，看在我們照顧麗君面上，救救他。」陳妻說。

「妳放心，麗君前天恢復記憶，我們談過，她代陳添牛求情了，我會做妥當處理。」

「那謝謝董事長了。」

陳妻行了禮，拿了小包，欲走出。被陶父母慰留：

「以前我們不是講妥了，妳以乾媽身份照顧麗君。」

「我…」陳妻有點感動，呆站在那邊。

陶母走近，攬他肩，輕聲說著：「今後我們以姊妹相稱。」

陳妻這才面露喜色，高興地說：「是！大姐。」

(二十四)

李志明銷假上班，內心愧疚，打了一個辭去董座秘書報告，在陶董未上班前，放在陶董辦公桌上。然後在秘書室等陶座批示。

不久陶董上班了，看了這個報告，按鈴說：「請志明進來一下。」

李志明心中膽怯走進，向董座行了一個禮，站在那邊，等待挨罵。

陶董究竟是大老闆，大人大量，非但沒有疾言厲色，指責李志明，反而倒了一杯水，放在辦公桌對面，然後以手示意，請志明就坐。

李志明頻頻擦汗，坐在陶父對面，低頭挨訓。

陶父微笑地望著他，還是不發一言。

李志明急了說：「董事長為什麼不罵我？甚至可以打我兩個耳光，指我朝秦暮楚，把愛情當遊戲。」

「唉！這幾年我一直把妳當子侄看待，想不到……」

「這些日子我心中一直不好受，我也不知道會什麼會變成這樣，我該打、該打！」

他揚起手，給自己兩個耳光。

陶董微笑看了看他說：「我還是需要你，這張辭職報告，你拿回去。」他將辭職報告輕推給志明。

李志明望了董座一眼，雙眼泛紅哽咽地：「董事長！……」

「你和麗君好了幾年了，婷婷小姐也是麗君好友，你們自己和麗君見面談談吧！」

李志明取回辭職報告，行了一個禮，退出。

夜，星光皎潔，李志明和婷婷常去的公園一角，他倆見面了。他倆研究如何面對麗君，李志明想在一間高檔餐廳約麗君見面，當面謝罪。

婷婷呢？心虛不敢面對。

「我不去，我沒有臉見她。」婷婷呶著嘴，損了李志明一眼，說：「都是你，都是你！」

「怎麼又怪了我？！感情的事，是互相的……」

「鬼迷心竅！我們怎麼會……」

「人家說了，三分人事，七分天！」

「可是我沒有勇氣見她，也沒有面目見她！」

「麗君這兩天就要從日本回來了，不然我一個人見她？！」

「那也不大好，我跟麗君多年來是死黨，一起吃喝、一起玩樂，我橫刀奪愛，變成這個局面，我心中有愧啊！」

「我們兩人向她下跪認罪！」

「她若不領情呢？！」

「那是她的事，就這樣決定了。」

「你的辭職報告，董事長批了沒有？他有沒有拍桌子大罵你？」

李志明搖頭：「他把我的辭職報告退回，還說：這幾年他以子侄待我！令我非常感動！」

「怎麼辦？怎麼辦？」婷婷心虧，雙手搓著手巾。

「不用擔心！不是有個日本情聖纏著她？！」

「對啊！我們倆好起來，等於是幫了那個醫生的忙，我怎麼沒有想到。」

「不是有人說：女人頭髮長，智慧短。」

婷婷作勢要擰志明一把，他微笑躲開。

婷婷思索了一下說：「那我們一同邀請冢田吉醫生，請他替我們說說話。」

「對！這個主意好！」李志明拍了一下大腿。

「你剛才批評女人怎麼說？」

「好好，我改正，女人頭髮長，智慧也不短。」

婷婷終於同意，等麗君從日本回來，立刻邀約她見面請罪。

麗君由阿姨陪同，出師大利，圓滿完成任務，把豕田吉押著回來台灣了。

李志明在一家大飯店咖啡廳，邀約麗君見面，他倆先到，心中七上八下，坐立不安。

＊　　＊　　＊

麗君依約定時間，穿了時尚裝束，單身蒞臨赴約，她現在的心情是，古人說得沒錯”禍福無門，福兮禍所伏！禍兮福所倚“一得一失，一失一得，完全聽天依命，她的終身伴侶，以前將是李志明，如今將是名醫豕田吉，兩人比較，一個忠厚老實、辦事牢靠，一個是風流瀟灑、才藝卓越，再怎麼比，豕田吉都勝於李志明，但是人都是爭一口氣，雖然現在她，已無怨無恨，但她還想捉弄他倆一下。

麗君走進，帶了墨鏡，李志明、婷婷站起，同聲叫著：「麗君！」

麗君沒有摘下墨鏡，站在那邊不聲不響，一付生氣狀。

「麗君！你恢復記憶了，恭喜妳！」李志明伸手欲握。

麗君木然。

「麗君！聽說妳前段、後段，全部恢復記憶了，我真替妳高興。」婷婷也伸手欲握。

麗君仍然木然站著不動。

婷婷也算點子高手，她事先就和李志明約定，用綠油精倒了不少在手絹上，手絹擦眼，兩眼立即泛紅，淚水盈眶，以期得到憐憫。

這時他倆同時用手絹擦了眼，使出小技倆，想不到被麗君識破了。

「婷婷！妳把手絹給我。」麗君開口說了話。

婷婷怔了一下，將手絹交在麗君手中。

麗君拿了手絹，在鼻尖嗅了嗅，說：「婷婷！這些小技倆，我們中學做錯了事，對老師就使用過，妳想想，是誰想的點子？！」

婷婷張口結舌，叫了起來：「我想起來了，是妳，小諸葛，我們現在是小巫見大巫了！」

這麼一來，氣氛立即緩和，麗君摘下墨鏡，笑著說：「坐吧！」

李志明這才敢坐下，頻頻擦冷汗。

婷婷呢，則一付調皮樣，對麗君抱了又抱，親了又親，弄得麗君一臉口水。

「好了、好了，不要鬧了，我不生氣了，也沒有什麼好生氣的，等於搓麻將，搬風換位子而已。」麗君倒是想得很開。

「真的？妳不生氣了？！」婷婷還是有點不放心。

麗君點點頭，她端起一杯水說：「妳們訂婚了？！祝賀妳們，白頭偕老、百年好合！我敬你們。」

她們舉杯互敬。

正這時豕田吉陪著陶父母進來，一看了然，喜形於色。

「你們談得怎麼樣？」陶父笑著問說。

「西線無戰事。」麗君說了一部美國電影片名。

「今天我來做東，我要請你們。」豕田吉搶著說。

「理由呢？！」麗君明知故問。

「神使鬼差，他們好了起來，我才有這個天大的緣分！」

「豕田吉！你是應該請客，明天我有重要任務交給你！」陶父正經地說。

「是！得令！」豕田吉立正大叫。

眾人一笑，一場誰是誰非難解的愛情遊戲，就這麼輕鬆過關了。

次日，陶董在寬大精緻的會議室，發佈人事命令。

眾人圍坐一圈。

陶董帶了麗君及冢田吉進入會場。

眾人站起，鼓掌歡迎。

陶董手一揚，坐在主席座位，麗君與冢田吉，分坐陶董左右。

眾人坐下，只有陶董站在那邊，他今天精神特別旺盛，面帶微笑，但發佈人事命令時，又改為嚴正。

陶董看了看眾人才說：「本公司這些天紛擾不斷，現在雨過天晴，恢復正常，我現在發佈人事命令！」

眾人望著他。

陶董手執一張紙，高聲說著：「從今天起，我任命陶麗君為本公司副總，襄助總經理，處理一切業務！」

眾人鼓掌歡迎。

陶麗君站起，又再坐下領命。

「趙娟娟為本公司襄理，她外銷業務熟悉，專職外銷。

眾人鼓掌。

趙娟娟意外站起、坐下。

「李志明仍為我的秘書！」

眾人鼓掌，李志明站起、坐下。

「錢婷婷為陶麗君副總秘書，希望幫助麗君熟悉一切業務。」眾人鼓掌。

錢婷婷有有點意外，欣喜站起、坐下。

這時陶董特別偏頭望了豕田吉一眼，說：「我現在要鄭重宣佈，本公司將創立「麗君失憶紀念醫院」請日本名醫豕田吉先生負責籌建，並任命豕田吉為醫院院長！」

眾人熱烈鼓掌。

尤其麗君事先並無半點知悉，父親有此意圖，所以她兩個手掌都拍疼了，而且眼含熱淚，投入父懷，叫著：「爸！謝謝您！」當然豕田吉也是意外，熱淚盈眶，站起抱拳答謝。

他們坐下後陶董面帶微笑說著：「豕田吉是日本名醫，和麗君有緣，今天為他們倆訂婚，晚間在本禮堂，邀請上次在台中市舉行亞洲國標舞參賽的十對佳侶，跳國際標準舞慶祝，請各位光臨觀賞，一同祝賀。

眾人一聽，又是掌聲哨聲齊鳴，內心愉悅，達到頂峰。

忽然，一個老女人的聲音叫了起來：「董事長！還有我呢？」

大家才注意陶母，坐在會議室一角，她舉手叫著。

陶董這才歉意地說：「對不起！今天我太高興，把妳的任命忘了，我道歉！」

「沒有關係，反正這數十年，你把我忘了的事，太多太多了，我不會怪你的。」陶母說。

「謝謝老伴！」

於是陶董走去，拉了陶母手，往座位走去，李志明眼尖，連忙加了一張椅子，放在陶董身邊。

陶母坐下。

陶董微笑說：「請各位注意，這個任命，非常重要！」

「快說吧！怎麼老男人也和女人一樣，婆婆媽媽？！」陶母說。

「我認命麗君的母親為⋯」陶董故意賣關子。

麗君一聽搶著說：「我知道了，本公司監察人。」

「這個監察人權力很大，她可以彈劾任何人，也可以保荐任何人！」

陶董特別手掩嘴輕說：「我特別告訴大家，今後不要對我拍馬屁，妳們只要對監察人馬屁十足，保證萬事亨通。」

眾人哄堂大笑。

「我可以講幾句話嗎？」陶母詢問陶董。

「請開金口！」陶董以手示意。

陶母這才站起，望了望全場說：「這個監察人任命，是我在枕頭上爭取來的，以前曾經聽一位國家大員說：「我們監察院無所事事，沒有發揮功能，他建議應該廢除。不過我這個監察人，可能不一樣，我辦事認真，管理嚴謹，陶董是大企業家，外面應酬也不少，你們有沒有聽說，我們董事長有什麼誹聞？！」

眾人一笑。

「沒有！當然沒有！為什麼？因為我每天，他夜間應酬歸來，我都要搜查他口袋，看他手機…」

陶董手指了指她。

「當然我不會看你們手機，但是我會隨時巡視辦公室，誰勤快，誰懶惰，我都記在本子上，所以請各位不用對我拍馬屁，拍了也沒有用，說不定還有反效果！」她頓了頓又說：「希望大家規規矩矩做人，兢兢業業做事，把公司業績逐年增加，董事長私下跟我說了：誰的成績亮眼，就有嘉獎機會，希望明年業績創新高，你們的薪水也創新高，謝謝了！」

陶董伸出大拇指，對老妻誇獎：「聽了妳剛才一番話，使我醍醐灌頂，我要補過。」他提高音量說：「我現在聘請您為本公司，有薪副董事長之職！」

「天啦！我就是等你這個任命，等了幾十年，董事長！我愛您！」陶母激動，竟當眾在陶董臉上親了一下，引起熱烈掌聲。

諾大的禮堂，已整理就緒，台中大酒店徐董，祝賀的兩個大花藍，已放在顯耀的地方。

十對佳侶穿著國標舞服裝，站妥位置，當然豕田吉和陶麗君胸前掛了紅綢條，表示與眾不同。

陶董帶台中大酒店老闆徐董入場。後面跟了，由陳妻扶著陶母，及妹妹美珠、娟娟、志明、婷婷等人。徐董看了這個氣勢，伸出大拇指，對陶董笑著說：「陶董啊！恭喜您，從嬌女失而獲得，還得了一個佳婿，令人羨慕！」

陶父洋洋得意，一臉喜色，招呼眾人入座，觀看欣賞。

國標舞音樂起。

十對佳侶翩翩起舞，各個賣力，當然得到金牌獎的冢田吉與陶麗君，舞姿最為出色，贏得滿堂掌聲。

在舞蹈中，不時切入，陶麗君副總由娟娟、婷婷陪同，巡視辦公室，麗君穿著西裝制服、高跟鞋，手執一個硬殼本子，抬頭挺胸，以企業家形象，微笑點頭，儀態萬千，真是應用了那句老話：「大難不死！必有後福！」

談談我與日本人的國恥與私誼

因今年我出版的小說(海嘯嬌娃)故事，發生在日本，因此引發我寫這篇短文，追思歷史，有人說：「世上沒有永遠的敵人，也沒有永遠的友人。」常見的印證是「分久必合，合久必分」，究竟我見證什麼？請讓我娓娓道來。

我是民國十六年，在浙江省遂安縣，一個窮鄉僻壤的農村出生長大的男孩。我從有記憶起，就是對日抗戰時期，日軍曾誇大海口，三個月就能使支那(中國)繳械投降，但是他們沒有想到，中國雖然武器沒有敵軍精良，但是最高領導有戰略，百姓有韌性，已抗戰四年了，日軍節節挺進，因中國土地太大，百姓眾多，日軍在中國越陷越深，進退失據。

旁的事我不清楚，只聽說民國二十六年，日軍在南京對我國同胞大屠殺，死傷三十萬人，屍骨堆積如山，民國三十二年，日本在重慶大轟炸，一個防空洞塌翻，死傷三千人，令我們幼小心靈，同仇敵愾，恨日切齒。那是民國三十年左右，浙江省北部，如杭州、寧波、紹興等城市，已被日軍鐵蹄侵佔，但浙西大部份地區，仍在政府掌控中。

紹興戲班子，只好到浙西地區謀生，我曾經看過懷胎十月，挺了大肚子的女人，與老男人，演出〝梁山伯 祝英台〞戲碼，令人好笑。但上了年紀的人大多體諒，心中只恨日軍侵略中國，才使老百姓，不能安居樂業，流離失所。這時我大概只有十四歲，小學畢業，無緣到外地升學，在家放牛。

有天我在蔣家村，公路旁放牛，一架日本軍機，在公路上空低空巡邏，我們孩童也學會，三人一組，手搭手、肩並肩，隨手抓了一把稻草，放三人頭上，躲避掩護。

這日碰巧我大哥蔣光法，挑了一担玉蜀黍，去遂安城販賣，日軍機在縣城丟了一個小炸彈，死傷十餘人，我大哥雖然逃過一劫，但親眼目睹此一慘狀，影響所及，從此沉默寡言，見了軍機不管敵機我機，一見就抓狂，終此一生，令我恨日更深。

民國三十二年，國民政府已搬遷重慶，稱為「陪都」，蔣委員長派員來浙江招考新衛士，錄取四百餘青少年，我也有幸入列，次年編為七、八二連，向四川重慶進發，我們四百餘青少年，爬山越嶺，日軍一路跟蹤，我們經過湖南衡陽，日軍進逼衡陽，國軍在衡陽大保衛戰，我們經過貴州獨山，我們前腳才走，日軍後腳就到獨山，我們手無寸鐵，幸未正面相遇，不然我們這些小命，早就亡命天涯了。

民國三十三年抵重慶，就沒有見過日本敵機，日軍也只到獨山，未再越雷池一步。

這時軸心國，德國、義大利，已向同盟國投降，只有日軍在中國戰區，做最後艱苦掙扎拚搏，但其攻勢，已欲振乏力，敗象叢生。

同盟國領袖，美國羅斯福總統，英國邱吉爾首相，及中國蔣委員長，由夫人蔣宋美齡陪同參與開羅巨頭會議。

商談日本戰敗後，台灣回歸中國祖國，並消除所有對中國不平等條約，蔣委員長並建議仍保留日本天皇皇位。

不久，美國兩顆原子彈，丟向日本廣島、長崎，死傷數百萬人，日本天皇，乃無條件向同盟國投降。

第二次世界大戰中國死傷及損失最重，蔣委員長卻意外對日本「以德報怨」政策，使日本人感激流涕，終身難忘。

有人感嘆：「天闊方能容萬物，心寬方能執千秋，不能忍辱，豈能負重？！」

我這個小兵在重慶，曾參加抗戰勝利大遊行。民國三十五年，政府返都南京，我也隨蔣委員長到南京，這時尚有部分日軍，未及撤離。

有天，我一人在南京街上，遇一日軍，我已是上士文書，老遠他就立正，向我行舉手禮，令我非常意外及竊喜。

有人說：「必然中存在偶然，偶然中又孕寓著必然。」民國三十八年，政府撤離中國大陸，轉進台灣島，整軍經武，準備反攻大陸，日人富田直亮，曾任大日本帝國陸軍少將，曾率領日軍侵略中國，因感念蔣總統，戰後所作所為，對蔣公非常佩服敬仰，乃改名白鴻亮(又稱白團)率領眾部下，向蔣公投誠，協助我國建立動員制度，蔣公當機立斷，在台北市石牌成立動員幹部訓練班，培訓動員幹部。

我這時已是基隆市團管區司令部上尉參謀，被選拔保送動幹班第二期受訓，我曾多次聆聽白鴻亮講課，他用日文發音，再由譯員翻成中文講解，深入淺出，受惠良多。

蔣公也經常在講台旁，坐在單人沙發上旁聽，彷彿那是秋末冬初，大陸寒流過境，天氣寒冷，蔣公還用軍毯披在膝蓋上禦寒。日本教官，必先向蔣公行禮後，再開始講課。

當時，我一邊聽課，一邊也回想日軍侵略中國之慘狀，不由得憎恨與欣慰交集，如果不是蔣公戰後，以德報怨，怎麼能感動日寇高官投誠？至此台灣中華民國與日本文藝界，也交情日深。

民國五十九年六月十六日，國際筆會第三屆亞州作家會議，在台北市中泰賓館召開，並邀請筆會副會長，也是榮獲一九六八年諾貝爾文學獎的的日本名作家川端康成，發表專題演講。

這時我已從軍中退役，任中國廣播公司節目部編審，應邀將川端康成，諾貝爾得獎作品「雪鄉」改編成廣播劇播出，應時應景。著有「藍與黑」小說知名作家王藍先生之引介，獲筆會會長林語堂先進，發函邀請參加與會，還與川端康成握手致意，是為殊榮，惜當時未能拍照留念，遺憾。

民國七十年，中國電視公司，製作一檔古裝歷史故事連續劇，「戰國風雲」

根據史書，戰國時代藺相如「完璧歸趙」「將相和」「廉頗負荊請罪」等，膾炙人口的歷史事件，改編而成，共三十集。

由名家鍾雷、王方署二位先進編劇，製作人饒曉明，執行製作是本人、王中強、高光德導播、劉勝利美術指導、陳又新導演，班底均係一時之選。

當時總經理是苦幹實幹出名的梅長齡先生，他負責中國電影公司時候，拍了幾部有口皆碑的名片，如「英烈千秋」「八百壯士」等，也想突破現有規範，用拍電影手法，單機拍攝(電視台一向用三機拍攝，省時省錢)建立新的電視劇里程碑，揚名立萬。

曾有高級主管反映，用單機拍攝，費時費錢，恐怕無法收回成本，但是梅老闆交代，好好拍、細細拍，我們只好聽命於他。

動員演員千餘人，預定耗資預算，亦達千萬元以上，在當時，是驚人之舉，令人作舌。

但是天下事，有一定規律，你怎麼栽植，就有怎麼樣收成，我們兢兢業業，日夜趕工，拍了兩個月，還犧牲一位好同事攝影師，播出後，空前叫好，幾乎家家戶戶收看，廣告也天天爆滿。

有一個日本名電視製作人塚田茂先生，他在日本東京六家電視台有節目，週五晚上，必來台北市度假，看到幾乎家家戶戶收看「戰國風雲」，覺得好奇，抵旅店一看，果然與其他連續劇不同，畫面清新、故事精彩，加上演員演出到位，心悅誠服，過了兩週，決定購買版權，譯成日文，在東京電視台播出。

在播出前，塚田茂先生隆重邀請「戰」劇製作人饒曉明、執行製作蔣子安、導播王中強、高光德，美術指導劉勝利五人，赴日旅遊觀光，曾接受東京六家電視台訪問錄影，為「戰」劇做宣傳，又去神戶參觀博覽會，逛東京古剎靈泉，及「東映」影城，還在東京街上，吃了喝啤酒長大的牛肉，兩周全程殷勤接待，令我們五人感動不已。

因為「戰國風雲」在日本播出，獲得好評，接著又有兩個二小時的單元劇，繼續合作拍攝，先是日本北海道，一個男人，看上台灣屏東鄉村姑娘，我也是中方製作人，日方男主角、中方女主角，我安排名媛沈時華主演，播出後。也獲得好評。

第二單元劇，是寫一個日本少女，來台灣找尋失去連絡的爺爺，我安排柯俊雄主演，我在五星級飯店，宴請日方導演，日方導演見柯俊雄魁武英俊，讚不絕口，播出後當然也獲好評。

我還收到日本一家唱片公司，中級主管來函讚譽，又帶女兒來台灣旅遊觀光，成為國際友人。

我拉拉扯扯，不厭其詳寫了這麼多，或許有人會說與主題小說，風馬牛不相及，可是日本發生天災，災情慘重，而我近年與日人友誼日增，已經五年多了，市面並無涉及福島大地震文學及電影作品，人是感情動物，因此我選了這個題材做背景，留下悲情紀錄，回饋日方。應該得到社會大眾諒解認可，不是有人說：「恩怨情仇煙雲散，化災解厄萬事休。」但願今後不再有大地震天災，不再有戰爭人禍，天佑眾生，世界永遠和平，則你我辛甚，眾生幸甚。

當選楷模獎牌與其他

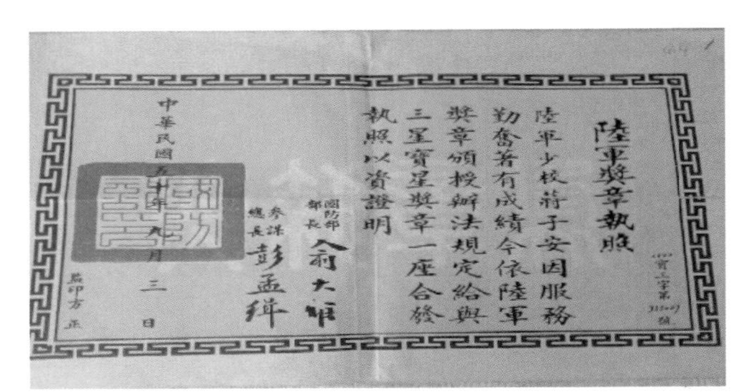

陸軍獎章執照

陸平少校蔣子安因服務勤奮著有成績今依陸軍獎章頒授辦法規定給與三星寶星獎章一座合發執照以資證明

國防部部長 俞大維

參謀總長 彭孟緝

中華民國五十年九月三日

監印方正

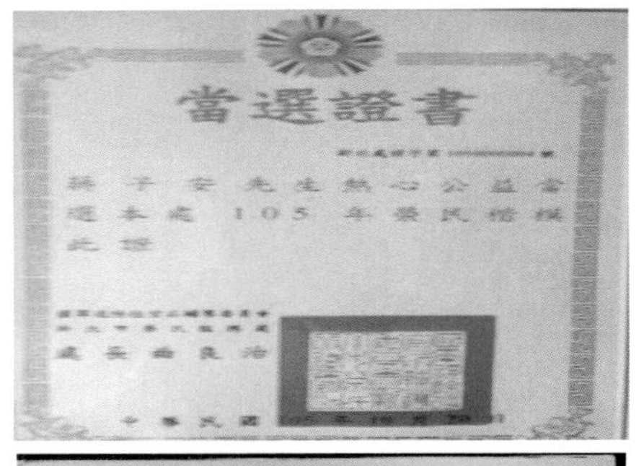

當選證書

蔣子安先生熱心公益當選本處105年榮民楷模

此證

中華民國

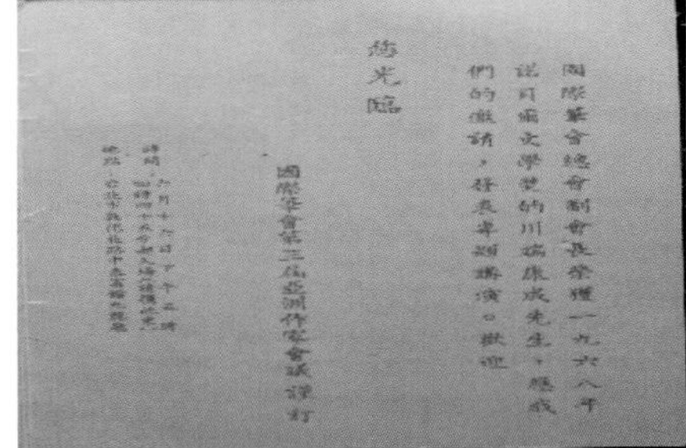

國際筆會總會副會長榮獲一九六八年諾貝爾文學獎的川端康成先生，應我們的邀請，將來華講演。歡迎

蒞光臨

國際筆會第三屆亞洲作家會議謹訂

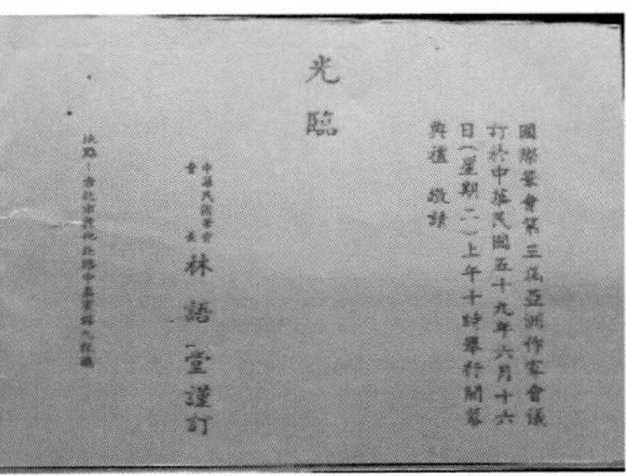

國際筆會第三屆亞洲作家會議訂於中華民國五十九年六月十六日（星期二）上午十時舉行開幕典禮

敬請

光臨

中華民國筆會會長 林語堂 謹訂

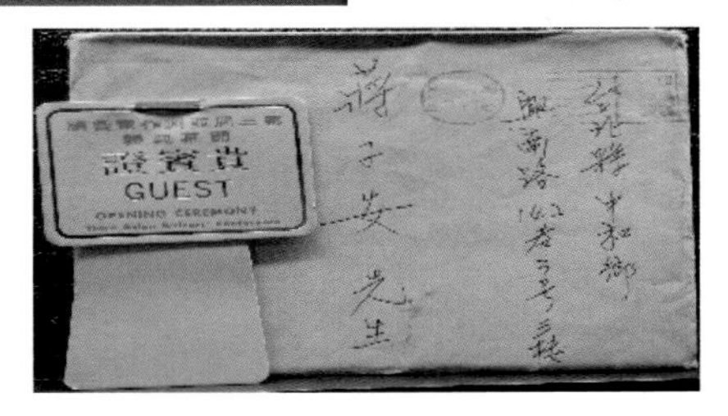